あっ
これ食べよう！

70歳
ひとり暮らしの
気楽なごはん

大庭英子 著

主婦の友社

はじめに

料理家として仕事を始めて40年余り。雑誌や書籍を中心に、数多くの家庭料理のレシピをご紹介してきました。心がけてきたのは、おいしさはもちろん、身近な材料、シンプルな調味料で作りやすく、誰が作っても味が決まるレシピ作りです。

プライベートではひとり暮らしなので、自分のために料理を作っていますが基本は同じ。身近な材料、シンプルな調味料で、きょうはあれが食べたいな、と思ったら、すぐに作れる料理がほとんどです。今年70歳になり、年齢を意識するようになりました。60歳を迎えたときも65歳を迎えたときも、それまでと変わらず意識することはなかったのに。最近、体が硬くなったなとか、写真を見て姿勢が悪くなっているなとか、変化を感じるのです。これからを元気に過ごすためには、やはり食事、そして体を動かすことが大切、とあらためて思っているところです。

この本を手にとってくださったかたの中には、おいしくて健康的な食事作りをがんばりたい、と前向きなかたもいらっしゃれば、毎日何を作っていいかわからない、と食事作りが少し重荷になっているかたなど、いろいろなかたがいらっしゃると思います。

健康に過ごすために食事は大切ですが、いうまでもなく食事は毎日のこと。肉も魚も野菜も食べなければ、とがんばりすぎると疲れてしまいます。少し気楽に考えて「食べたいものを食べよう」というのがいいと思います。たまにはお気に入りの店で外食したり、好きな食べ物をテイクアウトしたりしながら。食べたいものを食べて、健康なのが一番！

私も以前は「体にいい食べ物だから」と苦手な納豆を努力して食べていました。でも無

理は体によくないと思ってやめました。そのかわり発酵食品はヨーグルトやみそ、植物性のたんぱく質は大豆や厚揚げなど、好きなものを食べています。

料理作りも、「おいしい！」「作ってよかった！」「また作ろう！」、そんなふうに思える一皿があれば、十分。あれこれ作ろうと考えず、一つに集中して作るのもいいと思います。ひとりごはんのいいところは、自分の食べたいものを自由に作れるところですね。

この本では、私自身がふだん、よく作るレシピを集めました。この年代になり、食材の持ち味を生かし、料理をおいしくするために必要な手間は省かず、ていねいに作りたいという思いがより強くなりました。むずかしいレシピはありませんが、おいしく作るためのちょっとした手間（コツ）は省いていません。ぜひレシピどおりに作って、味わっていただきたいと思います。

「おもてなし料理」もとり上げました。誰かといっしょに食べる時間も大切にしていただきたいのです。私も親しい人と定期的に「ごはん会」をしています。「おいしい！」と言ってもらえるとうれしいし、みんなが「えー！」と驚くような料理を考えるのも楽しく、おしゃべりしながら情報交換ができる貴重なひとときです。

ところで、若いころからずっと人前に出て話すのが苦手。テレビ出演はせず、料理教室も行わず、表に出ることは避けてきたので、「大庭英子さんってどんな人？」と思っていらっしゃるかたも多いかもしれません。今回、少しですがプライベートの部分をお見せすることになりました（恥ずかしさもありますが……）。何か少しでも参考になることがあれば幸いです。

大庭英子

この本の使い方

- この本における大さじ1は15㎖、小さじ1は5㎖、1カップは200㎖です。米1合は180㎖です。
- 材料の分量、加熱時間は目安です。調理器具によっても違いがあるので、様子を見ながらかげんしてください。
- フライパンは直径20㎝のフッ素樹脂加工のものを使っています。
- 電子レンジの加熱時間は600Wのものを使用したときの目安です。500Wなら加熱時間を1.2倍にしてください。機種により加熱ぐあいが異なることがあるので、様子を見ながらかげんしてください。
- 材料の「油」はサラダ油、米油など、好みの植物油を使用してください。

CONTENTS

1

65歳から変わったこと・変わらないこと
体の声を聴き、「好き」を大切にしてすっきり暮らす

2

気負わず、気ままにひとりごはんを楽しむヒント&目にもおいしい簡単レシピ

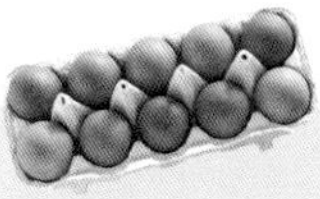

大事な筋肉を減らしたくないからたんぱく質たっぷり。おなかも満足ラクうまレシピ 3

4 食物繊維、ビタミン、ミネラルもしっかり。野菜&乾物を味わうレシピ

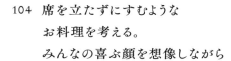

PART

1

65歳から変わったこと・変わらないこと
体の声を聴き、「好き」を大切にしてすっきり暮らす

若いころから、ずっと
変わらないシンプルな生活。
年齢を重ねて、少し、
変わってきたことも。

若いころから変わらないシンプルな暮らし。70歳の今、心も体も心地よさを大切にする毎日

一日の始まり

朝は6時に起きてコーヒーをいれ、新聞を読み、ゆっくり過ごします

70歳になりました。暮らし自体は若いころから変わっていません。ずっと、いらないものはいらない、自分が必要とするものだけを身の回りに置いて、すっきり暮らしたいと思ってきました。鍋もフライパンも調理器具も仕事で使うので点数は多く持っていますが、使いやすく気に入ったものばかり。基本的に道具は少なく、と思っています。着るものも着心地のよい素材、デザインのもので、色も黒、白、紺。これも変わりません。

　一日の過ごし方も。朝は6時に起きてコーヒーをたっぷりいれて、新聞を読み、ゆっくり過ごします。ベランダのオリーブの鉢植えに水やりしたり、メダカにエサをやったり。そのあと、朝ごはんを7時に。お昼ごはんは12時、夕食は18時から19時くらい。寝るのは23時から24時の間。日付が変わらないうちに寝ないと、眠れなくなってしまうので……。

　というと、とてもストイックな毎日のようですが、親しい人と外食するときなどは、もちろん別です。お酒も家では飲み

コーヒーは大好き。注ぎ口が細くお湯が注ぎやすい電気ケトルを使い、ドリッパーで保温性の高いポットに３～４杯分、たっぷりいれます。コーヒー豆は知り合いのお店から送ってもらっています。

ませんが、外でみんなと食べるときは、少しだけいただきます。晩ごはんのあとに、おやつをつまむことも。甘いものも大好きです。

　これまで大きな病気もせずに、元気でこられたのは、規則正しい生活と食事のおかげかな、と、あらためて思います。

ドリッパーはカリタ、コーヒーミルはボダム、電気ケトルはレコルト。ブランドにはこだわらず、シンプルで実用的なデザインのものを使っています。コーヒー豆は保存びんに移して。

1／朝ごはんはパン、手作りのジャムを添えたヨーグルト、フルーツなど。前日に作ったポテトサラダが残っているときは、ポテサラだけ食べることも。2／キウイやりんごなど、果物は常備。3／昼食は12時ごろ。この日は卵とじうどん（37ページ）。冷蔵庫に残っている野菜やベーコンを使ってパスタ（38ページ）やチャーハンを作ることも。

朝ごはん・昼ごはん

一日3食が基本。朝食べると、お昼もちゃんとおなかがすきます

朝ごはんは絶対に抜きません。パンを食べることが多く、サンドイッチにしたり、食パンをトーストしたり。手作りのジャム（101ページ）をトーストやヨーグルトに添えて楽しむのも朝。旅先でいただく朝ごはんのような感じです。

朝ごはんを食べたほうが、お昼もちゃんとおなかがすきます。お昼はうどんやそば、そうめん、パスタなどめん類が多いですね。具だくさんのちゃんぽん（37ページ）を作る日もあれば、おそばをゆでて、オリーブオイルをまぶして塩だけで食べる、なんていうときも。

住んでいる街に手軽にお昼ごはんを食べられるお店が少ないのもありますが、家にあるものでささっと作ってしまうほうがおいしいし、私にとってはラクなのです。

晩ごはん・おやつ

夜は、その日、そのとき食べたいものを食べる。メイン料理と野菜を組み合わせて

晩ごはんはその日に食べたいものを作ります。甘辛い味のもの、さっぱりした塩味のもの、ピリッと辛いもの……食べたいものって、その日の気分や体の調子によって違ってきますよね。そこは、ひとりごはんのいいところ。誰に気兼ねすることなく、自分の食べたいものを作ればいいのですから。

献立は肉や魚などのメイン料理と野菜を組み合わせて、が基本ですが、ワンプレート料理もよく作ります。食べる量は以前より減りました。なので、晩ごはんにおかずだけ食べることも。白いごはんに卵焼きだけという日もあります。健康を保つために栄養バランスは大事だけれど、無理せず、体の声に耳を傾けて食べるのも大事、と思うのです。

1

2

3

4

1／この日は鶏つくねの照り焼き（54ページ）にほうれんそうのピリ辛マヨネーズあえ（73ページ）、ねぎと揚げのみそ汁。2.3／おやつにつまむことの多いカカオ70%以上のチョコレートやミックスナッツ。写真は製菓用チョコレート。アイスクリームなどの甘いものも大好き。4／おいしいもの、好きなものを口にすると自然と笑顔に。

キッチン

年齢に合わせてキッチンを見直し。コンロは2口に。タイマーを活用

60歳を過ぎたころ、それまでの3つ口から2口のガスコンロにかえました。3つあってもほぼ使わないので必要ないと判断。フラットなデザインなので、お掃除もラクです。

集中力も落ちてきました。コンロの火をつけたまま離れて忘れてしまい、冷や汗をかいた経験も。コンロを新しくして自動消火装置がついたので、その点も安心です。お風呂や洗面所もですが、キッチンもリフォームするなら早いほうがいいですね。

安全についても、より気をつけるように。揚げ物のときは周りを片づけてから、鍋は加熱を終えたらコンロからおろして消火を確認する、フライパンの取っ手を体でひっかけないようになど。調理中のタイマーも必需品。複数あると、同時に何かするときに便利です。

1

1／キッチンは仕事場でもあり、毎日のごはんを作る大事な場所。10年ほど前にコンロを交換。2／2口のガスコンロ。仕事では必要に応じてカセットコンロを使用しますが、ほとんど2口で足ります。3／文字が見やすいデジタルのキッチンタイマーを4つ。マグネットつきなのでレンジフードに並べてつけています。

2

1

2

3

1／寒の時期のみその仕込みも、毎年。梅干しは手間はかかりますが、作り方は簡単。梅干しを漬けると、梅酢やしそふりかけもできます。梅は作りがいのある保存食です。2／夏の終わりに手に入れた赤とうがらしは、ざるに広げて干して料理に。3／旬に作るジャム。季節の恵みは逃すと1年待たなければなりません。

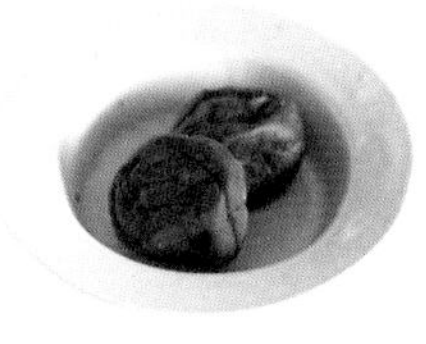

季節の手仕事

ジャム・みそ・梅干し…手仕事で季節が巡る楽しさを味わう

30年以上、変わらず続けているのが、季節の手仕事です。夏みかん、いちご、ブルーベリー、桃、あんず、りんご、ルバーブ……。一年中、何かしら旬の果物をジャムにしています。梅干し、らっきょうの酢じょうゆ漬け、ふきみそ、実ざんしょうの塩ゆでやしょうゆ漬け。いずれもその季節の恵み。その時季ならではの食材に出会うと、わくわくします。

でき上がったものを身近な人に差し上げて、おいしさを分かち合えるのも喜びのひとつ。「おいしい！」と言っていただけると励みになります。人前で話すのが苦手で料理教室もしてきませんでしたが、季節の手仕事の楽しみを対面でお伝えする機会を持てたらいいな、と漠然と思うようになりました。こんな気持ちの変化もこの年になったからでしょうか。

生活の彩り

日々の暮らしに小さな彩りをプラス。体を動かす楽しさも再発見

1／雑草やベランダのハーブなどもびんにいけて家のあちこちに。花屋さんで買った季節の枝ものを飾るのも好き。**2**／ベランダではメダカを飼っています。特別な世話が必要なく、4〜5日留守にしてもだいじょうぶ。観察するのも楽しい。**3**／ヨガの道具いろいろ。70歳になり筋肉も関節も、体が硬くなってきたのを感じます。

家の中に花を絶やさないのは、ずっと続けてきたこと。庭で育てた草花を飾るのが理想ですが……。お花屋さんで買った季節の花や道端で見つけたかわいらしい草花を、ささっといけています。部屋が華やかに、気持ちも晴れやかになります。

60代後半を過ぎて意識するようになったのは体を動かすこと。若いころテニスやダイビングをしていましたが、しばらく運動からは遠ざかっていました。1年ほど前から週に2〜3回、ジムに。月に2回のヨガも始めました。体を動かすのは気持ちよく、体重も1kg減りました。筋肉は何歳からでも増やせると聞きますが、今にして思えば、もっと早く、10年くらい前から始めればよかったなぁと。だいぶ違ったと思います。

近所で摘んできた花をシンプルなびんに挿して。洗面所の窓辺に。

PART

2

気負わず、気ままに
ひとりごはんを
楽しむヒント&
目にもおいしい
簡単レシピ

がんばりすぎると疲れてしまうから、
自由に気楽に、ひとりごはんを
楽しみましょう!
フライパン一つ、鍋一つで作れる
おいしいレシピも満載です!

ひとりごはんを楽しむヒント・1

無駄にしない食材の買い方 無理なく使いきる方法

食材はできるだけ無駄にせず、使いきりたいですね。私も買い物の量は控えるようになりました。日もちし、使いまわしのきく玉ねぎ、にんじん、じゃがいもは多めに買いますが、それ以外は2〜3日で使いきれる量を買います。ほうれんそうと小松菜とか、にらと青ねぎのように似た野菜は同時に買いません。きのこも何種類も買わずに使う分だけ。

　ただし好きな野菜はいろいろな調理法で食べ尽くすので、キャベツはまるごと、ごぼうも少量ではなく普通に売られている量を買います。

　野菜はやる気と時間があるときに、たとえばキャベツならせん切り、一口大など、2〜3日で使いきれるくらいの分を切るようにしておくと、次の料理がラクに作れるのでおすすめです。お肉は多めに買い、100gくらいに小分けして冷凍。「お肉が食べたい！」というとき、冷凍室にあれば買い物に行かなくても作れます。ひとりごはんで料理をおいしくラクに作るには、冷凍室を上手に活用することがポイントだと思います。

玉ねぎ・にんじん・じゃがいも 日もちのする野菜は多めに常備

日もちがして、主役、わき役、いろいろな料理に使える野菜が玉ねぎ、にんじん、じゃがいも。このほか、青菜、きのこ、季節の野菜などを少量買うようにしています。じゃがいもがたくさんあれば、お好み焼き（40ページ）にしたり、ポテトサラダを大量に作ったり。にんじんはキャロットラペ（102ページ）にも。

残ったきのこやもやし、トマトは冷凍

野菜は新鮮なうちに、おいしく食べたいので冷凍はしませんが、傷みやすいもやしやきのこが残ってしまったときは冷凍してスープや鍋の具にします。トマトはまるごとでもカットして冷凍しても。カレーやシチュー、スープなどに、そのまま使えます。冷凍するときは、保存袋に入れたらできるだけ空気を抜いて密封しましょう。

多めに買った肉は小分けにしラップ&保存袋に入れて冷凍

薄切り肉、ひき肉など、速く凍り、また解凍も速くできるように、小分けにして薄くしてラップで包み、さらに保存袋に入れて冷凍します。いつ冷凍したかすぐわかるように、直接、保存袋に書くのではなく、シールに日付と内容を書いてはっています。買い物に行けないときでも冷凍肉があれば、しっかりたんぱく質がとれます。

真空パックにして食材の劣化を防ぐ

便利な冷凍保存ですが、食材の劣化は防げません。なるべく風味と鮮度を保つために、冷凍するときは真空パックにしています。野菜はそのまま、肉はラップで包んでから真空パックに。真空パックの機械は１万円くらいで買えます。簡単に使えて便利です。

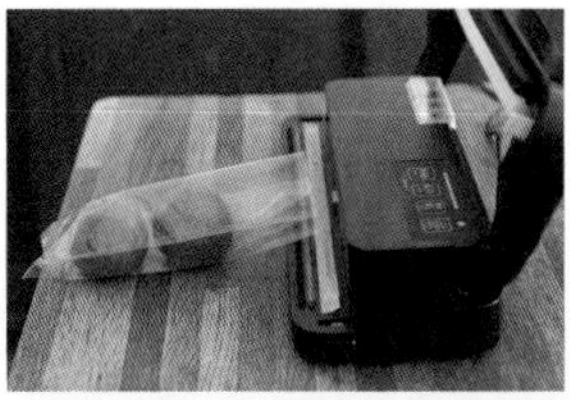

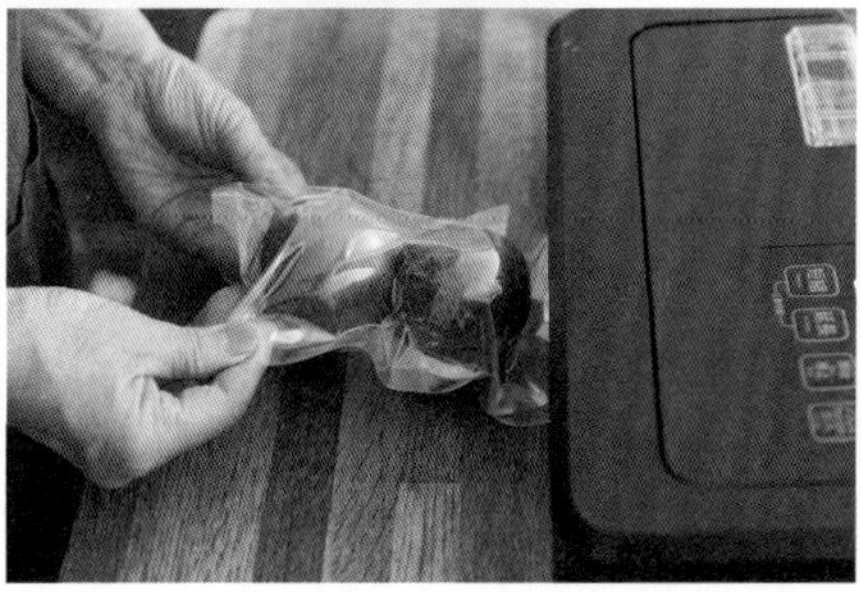

ゆずはまるごと、レモンはしぼって冷凍保存

ゆずの皮がほしいと思ったときに、いつでも使えるように、冬の間にまるごと冷凍しています。果汁もしぼって冷凍しているので、ポン酢しょうゆも手作り。レモンも使いきれないと思ったら、腐らせる前にしぼって冷凍、がおすすめです。

ひとりごはんを楽しむヒント・2

フライパン、ナイフ、鍋…調理道具は使いやすいものを厳選

道具は少なく、が基本なので、調理道具もいろいろ持たないようにしています。ひとりごはんに役に立つのが直径20㎝のフッ素樹脂加工のフライパン。これ一つで、焼く、炒める、煮る、蒸す、揚げるなど、さまざまに使えます。ふたつきのものがおすすめです。1~2人用の小さな土鍋も、あるとしゃぶしゃぶなどの鍋料理（28・29ページ）を気軽に作れます。ときにはカセットコンロを出して熱々を楽しみましょう。

包丁は刃渡りが長めのペティナイフを使っています。野菜を切る、皮をむく、切り目を入れるなども、これ1本で。自分の手になじむ大きさのナイフを見つけると、料理がより楽しくラクになると思います。

野菜を均一にスライスできるスライサーや野菜の水けをしっかりきれるサラダスピナーも、ぜひ使っていただきたい道具です。

ひとりごはんにちょうどいい直径20㎝のフライパン

1人分にはフッ素樹脂加工の直径20㎝のフライパンが便利。ふたつきのものがおすすめ。私が愛用しているのはマイヤーの「スターシェフ3シリーズ」。大きいサイズもこのシリーズを使っています。底が厚く火のあたりもやわらかいので、仕上がりが違います。

小さめの土鍋があると鍋料理も楽しめる

肉や魚などのたんぱく質と野菜やきのこなどがたっぷりとれる鍋料理は栄養バランスもよく、ひとりごはんにおすすめです。小さな土鍋があると気軽に作れるので、一つ持っているといいと思います。ごはんも炊けますが、0.5合ほどの少量を炊きたいときは、駅弁の「峠の釜めし」の土釜で炊くのもおすすめです。

サラダだけでない。料理をおいしくするサラダスピナー

サラダスピナーでしっかり野菜の水けをきると、ドレッシングがなじみやすく味も薄くならず、サラダがおいしくなります。炒め物や煮物の野菜を水にさらしたあとも、サラダスピナーを使うと料理が水っぽくなりません。牛肉とじゃがいもの韓国風炒め物（50ページ）や牛肉とごぼうの炒め煮（52ページ）で、ぜひ、試してください。

軽くて使いやすい刃渡り長めのペティナイフ

40年以上、包丁よりも刃渡りが長め（20㎝くらい）のペティナイフを使っています。もう何代目でしょうか、築地有次の鋼のナイフです。かぼちゃをまるごとを切るときは牛刀を使いますが、半分であれば、このペティナイフでOK。小回りがきき、私の手にはまる感じが包丁よりもしっくりきます。数日に一度、砥石でといでいます。

野菜のせん切りにはスライサーも活用

せん切りは包丁も使いますが、料理によっては長さも太さも均一にできるスライサーが簡単で便利。材料の大きさがそろっていることは料理をおいしく仕上げるために大事です。包丁ではできない薄切りも簡単に。すべらないように下にぬらしたふきんやキッチンペーパーを敷きます。野菜が小さくなったら、けがをしないように気をつけて。

ひとりごはんを楽しむヒント・3

卵、ベーコン、乾物、缶詰…ひとりごはんを支える食材を常備

ひとりごはんを楽しむには、薄切り肉やひき肉などを冷凍しておいたり、日もちする野菜を備えておいたりするほかに、常備しておくといい食材がいろいろあります。

卵は栄養価や料理のバリエーションの豊富さ、日もちを考えたら、常に冷蔵庫に備えておきたい食材。卵料理は1人分、2個を使っています。賞味期限が長めの干しえびやちりめんじゃこはうまみもたっぷり、カルシウム源にもなります。

乾物や缶詰は買い物に行けないときの助けに。さばの缶詰はたんぱく質もカルシウムも体にいい脂のDHAもとれて、簡単にごちそうサラダ（63ページ）が作れる優秀食材。缶詰は災害時の備えにもなるので、常備しておきたいですね。

乾物は、お惣菜作りにもおもてなしにも（108ページ）。ふだんからもっと活用したい食材です。

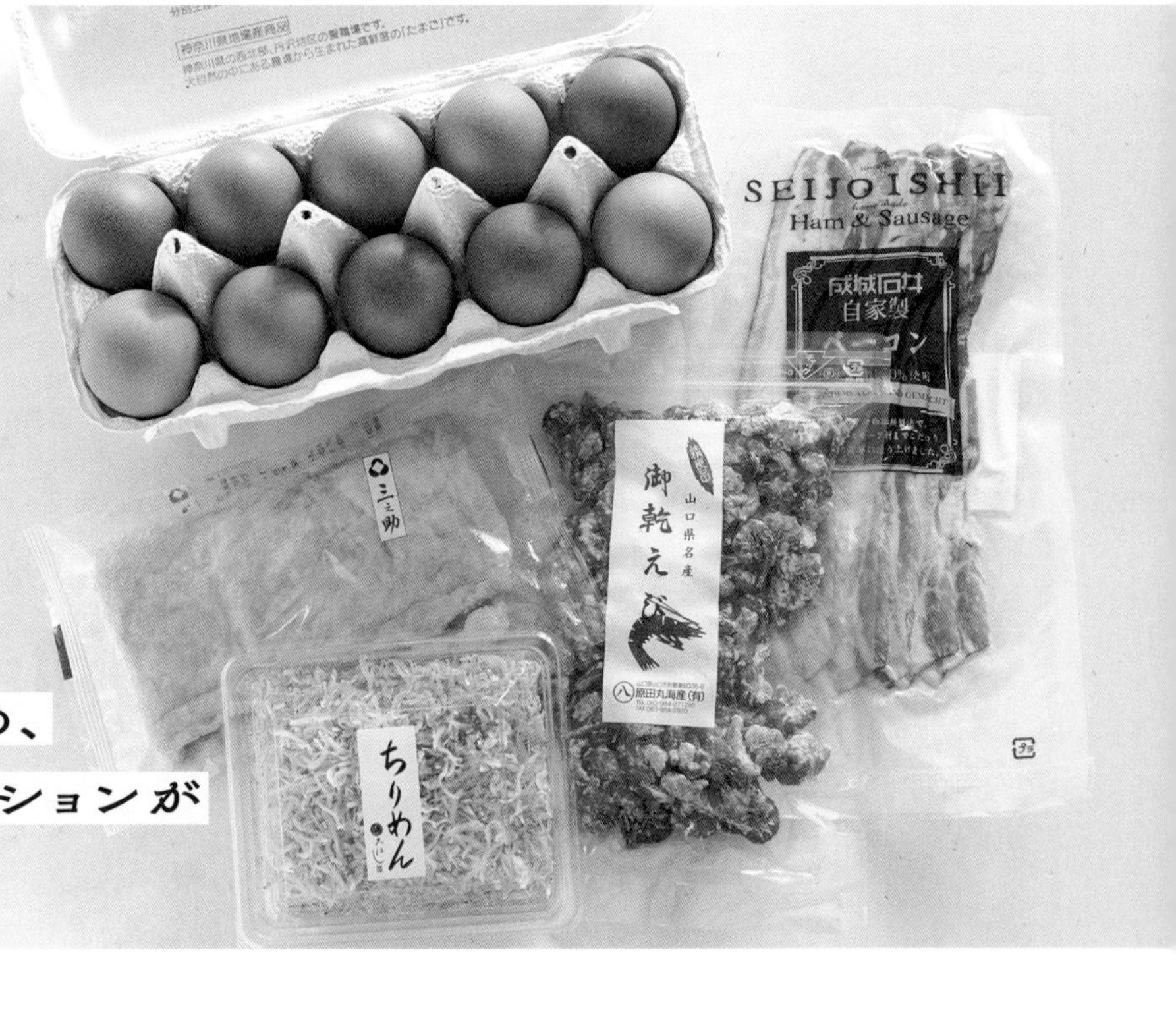

卵はたんぱく質源としても貴重。うまみのあるベーコンは炒め物、スープ、野菜の蒸し煮などさまざまに。干しえびはもどし汁がだしになり、えびもうまみたっぷり。カルシウム豊富なちりめんじゃこも使い道はいろいろ。油揚げや厚揚げは賞味期限はそれほど長くはありませんが、ボリュームもありメインにも。

賞味期限が長め、料理のバリエーションが広がる食材

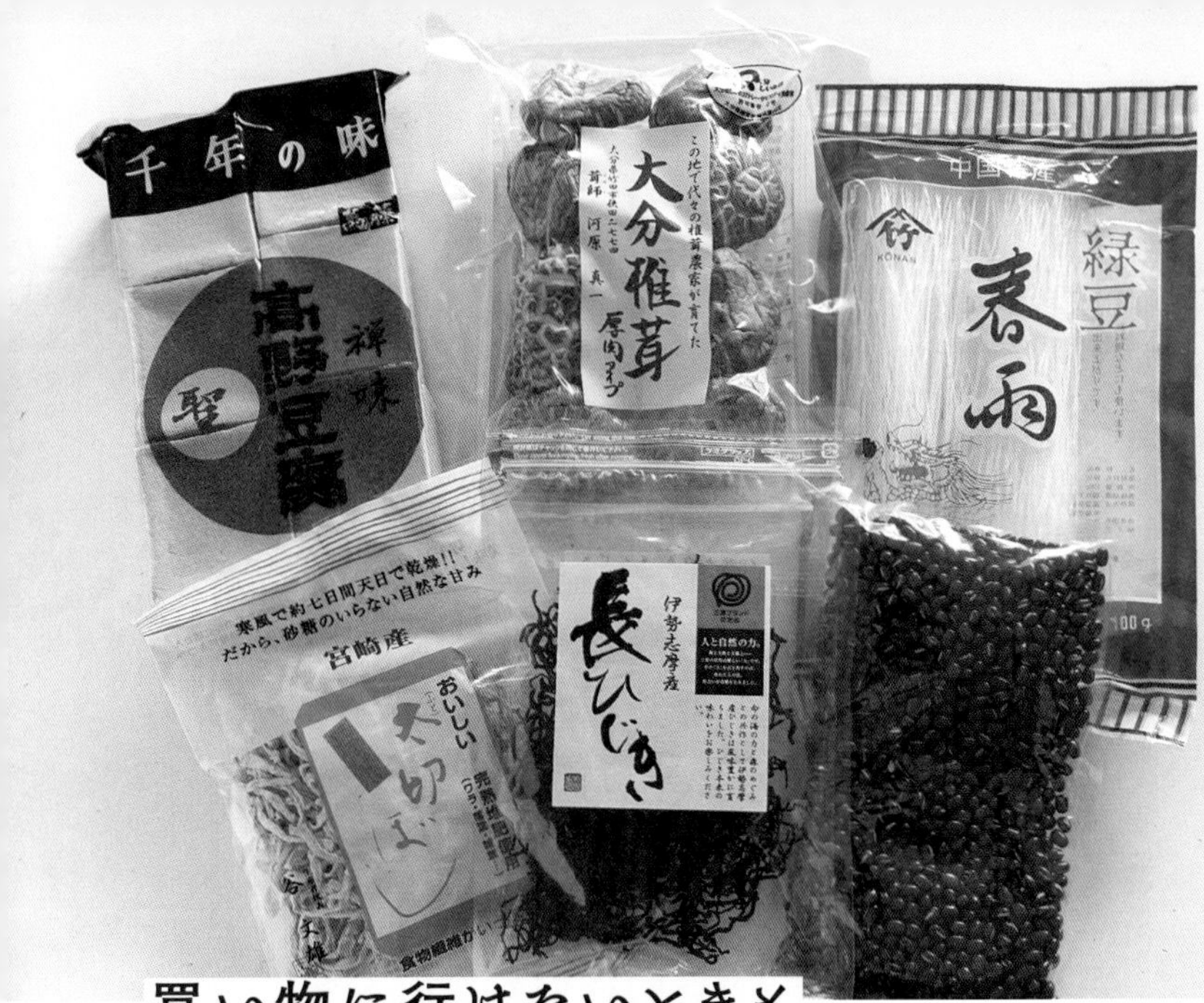

買い物に行けないときも乾物があれば心強い

長期保存が可能な乾物は、軽いから買い物もラク。高野豆腐は大豆製品の中でも良質なたんぱく質が豊富で、体に必要なミネラルも多く含まれています。切り干し大根は和風の煮物だけでなく、切り干し大根と豚肉の蒸し煮（85ページ）のような洋風の味つけもOK。ひじき同様、食物繊維も豊富。豆も大豆やあずき、金時豆など。たんぱく質と食物繊維がとれます。干ししいたけはもどすのに時間はかかりますが、肉厚のどんこがおいしい。春雨もあると便利。

さば缶、ツナ缶 そのまま使える缶詰も常備

さば缶やツナ缶は、たんぱく質不足になりがちなシニア世代に便利な食材。さば缶は水煮やみそ煮などがあり、野菜サラダにそのままのせるだけでもおいしく食べられます（63ページ）。ツナはパスタ（38ページ）やスープ（95ページ）などに使うと味が簡単に決まります。このほか、ドライパックの蒸し大豆も常備しておくと便利。

練り物はおやつにもたんぱく質食材としても

ちくわやさつま揚げのような練り物の賞味期限はそれほど長くありませんが、あると煮物や炒め物に使えて便利です。私は食事の前、おなかがすいたときにそのままちょっと食べて、空腹を抑えてから料理を作ったりします。魚の栄養が手軽にとれる魚肉ソーセージは常温保存ができて保存期間も長め。野菜炒めなどにも。

『調味料はシンプルに。スーパーで買えるものでOK』

私はお取り寄せはほとんどしません。食材はスーパーで手に入る一般的なものを使います。調味料も高級なもの、こだわりのものが手に入る時代ですが、スーパーで売っているごく一般的なものを使っています。スーパーで手に入る調味料なら、いつでも同じものが買えますし、料理の味も左右されません。種類も砂糖、塩、酢、しょうゆ、みそ、酒、こしょうが基本。それにマヨネーズ、オイスターソースなどがあれば、たいていのものが作れます。

また、調味料は鮮度も大事。しょうゆは風味が変わりやすいので、少なめの量のものを買うようにしています。油も私は揚げ物などで大量に使うので多めに買いますが、酸化するので少量がおすすめです。

使いかけのポン酢しょうゆやドレッシング、焼き肉のたれなど、市販品が冷蔵庫にずっと入ったまま、という声もよく聞きますが、1人分なら手作りが簡単でおいしい。ドレッシング（102ページ）はぜひ、手作りしてみてください。

基本の調味料は「さしすせそ」＋酒＆こしょう

砂糖は上白糖。塩はスーパーで買える自然塩。しょうゆはキッコーマンの丸大豆しょうゆ。酢は酸味がまろやかな「千鳥酢」、白ワインビネガーなど。酒は料理酒ではなく普通の日本酒。高くなくてもOK。みそは手作りのほか、白みそ、赤みそは購入します。こしょうはひきたてがおいしいのでペッパーミルを使っています。

ごま油・オリーブ油・米油 油はちょっといいものを

炒め油には基本的にオリーブ油（エキストラバージンオリーブオイル）を使います。無色で香りのない太白ごま油はサラダ油感覚で和食などに。揚げ油には米油、中華風やコクを出したい料理にはごま油。オリーブ油はドレッシングなど加熱しない料理には少し高級なものを、炒め物には手ごろなものをと使い分けています。どれもスーパーで手に入るものです。風味が変わりやすいので割高でも少容量のものを。

味に変化をつける調味料使うのはこの3つ

マヨネーズはキユーピーのびん入りのものを愛用。味も好きですが、使いやすいのもいいですね。ウスターソースはソース焼きそばやハンバーグのソース作りの材料などに。オイスターソースは中華風の料理やほうれんそうと豚肉のオイスターソース炒め（72ページ）のようなこっくりした味わいの炒め物を作るときなどに。

みそは手作り。香りも味も格別です

みそは毎年1月から2月に仕込みます。材料は大豆と塩、米麹だけ。新物の乾燥大豆を水でもどし、ゆでてつぶし、塩と麹を混ぜ込んで作ります。カビがはえないよう注意をはらい、1年近くかけて発酵、熟成させてできたみそは香りも味も格別。おいしいだしとみそで作ったみそ汁は、それだけでごちそうになります。

エスニック風にアクセントがほしいときに

ナンプラー（左）はカタクチイワシから造られた魚醤。サラダやスープ、めん類など、エスニック風に仕上げたいとき（46ページ）に使います。小さなびん入りのものがスーパーで手に入ります。ラー油もスープに入れたり、野菜のマヨネーズあえに加えたり（73ページ）。一般的なものでOKですが、旅先で見つけたら買ってみるのも。

シンプルな材料、基本の調味料で、栄養たっぷり、バラエティに富んだ食事が楽しめます

ひとりごはんで活躍するのは18ページでご紹介した直径20㎝のフライパン。炊き込みごはんもカレーも鶏の照り焼き丼も、ちゃんぽんもホットサンドもこれで作れます。

また小さな土鍋で作る鍋料理は、野菜も肉や魚などのたんぱく質もバランスよくとれるので、ひとりごはんにおすすめ。豚肉とほうれんそうの常夜鍋もよく作りますが、ここではお刺し身を使ったしゃぶしゃぶをご紹介。1人分なら、ちょっと高級なお刺し身も楽しめますね。

お昼に食べることが多いおそばやパスタなどのめん類も、簡単にできて野菜もたんぱく質もいっしょにとれるよう考えたレシピです。

材料も調味料も作り方もシンプル。でも食後に「おいしかった!」と心から満足できるレシピを並べました。きょう食べたい、と思うものから作ってみてくださいね。

パエリア風 フライパン 炊き込みごはん

具だくさんの洋風炊き込みごはんもフライパンでOK。
トマト、ブロッコリー、コーンの彩りも楽しく、
あっさりした味わいで、いくらでも食べられます。

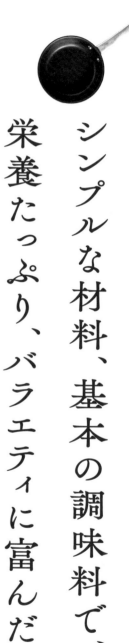

フライパン一つ、
小鍋一つで
見た目も楽しく、
おなかも大満足

材料（1人分）
米…１合(180mℓ)
むきえび…80g
玉ねぎ…¼個
しめじ…50g(正味)
ホールコーン…50g
ブロッコリー…小４房
ミニトマト…４個
パセリのみじん切り…大さじ２
オリーブ油…大さじ１
白ワイン…大さじ２
塩…小さじ½
こしょう…少々

1 米は洗ってざるに上げ、水けをきる。

2 えびは背わたがあればとり除き、洗って水けをふく。

3 玉ねぎはみじん切りにする。しめじは食べやすくほぐす。ミニトマトはへたをとる。

4 フライパンまたはパエリア鍋にオリーブ油を熱して玉ねぎを入れ、しんなりとするまで炒める。しめじを加えてさらに炒め、しめじがしんなりとしたら米、コーン、えびを加え炒める。

5 白ワインを振って水180mℓを加え、煮立ったら、塩、こしょうを加えて混ぜる。ブロッコリー、ミニトマトを散らし、ふたをして中火で５分ほど炊き、弱火にして10分ほど炊く。火を止め、パセリを散らす。

じゃがいもを入れるので蒸し焼きの手間はありますが、ボリューム満点。
ズッキーニの歯ごたえ、チーズの風味を楽しんで。

材料（1人分）

卵… 2個
ベーコン… 2枚(40g)
じゃがいも… 1個
玉ねぎ…¼個
ズッキーニ…⅓本(80g)
パルメザンチーズ…大さじ1
パセリのみじん切り…大さじ2
オリーブ油…大さじ2
塩、こしょう…各適量

1 じゃがいもは皮をむいて1.5cm角に切り、水に3分ほどさらして水けをふく。

2 玉ねぎは1cm大に切る。ズッキーニは1.5cm角に切る。ベーコンは1cm幅に切る。

3 ボウルに卵を割りほぐし、塩、こしょう各少々、チーズ、パセリを加えて混ぜる。

4 フライパンにオリーブ油大さじ1を熱し、じゃがいもを入れて炒め、ふたをして弱火で5分ほど蒸し焼きにする。やわらかくなったらベーコン、玉ねぎ、ズッキーニを加えて炒め、少ししんなりとしたら、軽く塩、こしょうを振り、3のボウルに加え混ぜる。

5 フライパンをキッチンペーパーでさっとふき、オリーブ油大さじ1を入れて中火で熱し、卵液を一度に入れて大きくかき混ぜる。ふたをして弱火で5分ほど蒸し焼きにする。平らな鍋ぶたをかぶせて返し、オムレツをふたに移したら、ずらすようにしてフライパンに戻し入れて中火で2分ほど焼く。さらにふたをして弱火で3〜4分蒸し焼きにする。食べやすく切り、器に盛る。

スペイン風オムレツ

シンガポールチキンライス

鶏肉のうまみがごはんにしみて、しょうがソースがしみじみおいしい！

鶏肉をゆでたスープで炊くシンガポールチキンライスも、フライパンを使い、米の上に鶏肉をのせて炊けば簡単。

材料（1人分）

鶏もも肉…½枚(150g)
米…１合(180㎖)
酒…大さじ１
塩…小さじ⅕

しょうが…適量
(洗って皮をむき、すりおろす。皮はとっておく)
トマト…½個
きゅうり…⅓本

しょうがソース
- 左でおろしたしょうが…大さじ⅔
- ごま油…大さじ１
- 塩、こしょう…各少々

1 米は洗ってざるに上げ、水けをきる。鶏肉は30分～１時間前に冷蔵庫から出し、室温にもどしておく。

2 フライパンに米、水180㎖を入れ、酒、塩を加えて混ぜ、鶏肉、しょうがの皮をのせてふたをし、中火にかける。煮立って水分が少なくなったら弱火にし、10分ほど蒸し煮にする。火を止めて10分ほど蒸らす。

3 トマトは1.5㎝幅のくし形に切り、きゅうりは斜め切りにする。

4 耐熱ボウルにおろししょうがを入れて塩、こしょうを振り、ごま油を加えて混ぜる。電子レンジ(600W)で20秒加熱し、熱々にしてしょうがソースを作る。

5 2の鶏肉をとり出して食べやすく切る。

6 器に2のごはんを盛り、鶏肉をのせ、トマト、きゅうりを添え、しょうがソースをかける。好みで赤とうがらしのペーストを添える。

豚バラ肉のもつ鍋風

豚バラのうまみがとけ出して、キャベツ200gでもペロリと食べられます。
にらはさっと煮るだけ。シャキッとした歯ごたえを味わって。

材料（1人分）

豚バラ薄切り肉…150g
キャベツ…200g
にら…½束
鶏ガラスープのもと
…小さじ½
にんにく…１かけ
赤とうがらし…１本
すり白ごま…大さじ½
酒…大さじ２
塩…小さじ⅔

1 豚肉は10〜15㎝長さに切る。キャベツは４〜５㎝大に、にらは３〜４㎝長さに切る。にんにくは薄切りにする。とうがらしはへたを切り落とし、種をとって小口切りにする。

2 鍋に鶏ガラスープのもとと水３〜４カップを入れて火にかけ、煮立ったら豚肉をほぐし入れ、色が変わったらアクを除く。酒を振って塩を加え、ふたをして弱火で15分ほど煮る。

3 キャベツを加えてしんなりとするまで煮たら、にら、にんにくを加え、とうがらしを振ってひと煮し、ごまを振る。

刺し身と野菜のしゃぶしゃぶ

お刺し身も野菜も
季節のもの、好みのものを。

材料（1人分）

白身魚(刺し身用さく)…100g
かぶ…１個
れんこん…小３cm
えのきだけ…50g
豆苗…40g
細ねぎの小口切り…大さじ２
だし昆布…５cm角１枚
酒…大さじ３
ポン酢しょうゆ…適量
おろししょうが…適量

1 土鍋に水３カップ、昆布を入れて30分ほどひたす。

2 白身魚は４〜５㎜厚さのそぎ切りにする。

3 かぶは茎を３cmほど残して葉を切り落とし、皮をむいてスライサーで縦薄切りにする。れんこんは皮をむき、スライサーで薄い輪切りにして水でさっと洗い、水けをきる。えのき、豆苗は根元を切る。

4 1の土鍋を弱めの中火にかけ、煮立ってきたら酒を振り、再び煮立ってきたら3を入れて、白身魚をしゃぶしゃぶする。

5 器にポン酢しょうゆと4の汁を大さじ１ほど入れ、細ねぎ、しょうがを加えて混ぜ、つけだれにする。

暑くて食欲がないときでも
サラサラ食べられる冷や汁。
おそうめんにかけても

冷や汁

一度にかけるとごはんが汁を吸うので、熱々ごはんを少しずつよそい、
冷や汁を少しずつかけながら食べるのがおすすめです。

材料（2食分）

かますの干物… 1 枚(150g)
すり白ごま…大さじ3
みそ…40〜50g
きゅうり…½本
木綿豆腐…⅙丁
青じそ… 2 枚
みょうが… 1 個
おろししょうが…適量
温かいごはん…適量

※きゅうり、豆腐、青じそ、みょうがは1食分

1 かますは魚焼きグリルで両面を焼き、とり出して頭、皮、骨をとり除き、あらくほぐす。

2 すり鉢でごまを粒がなくなるまでよくすり、**1**を加えてさらに形がなくなるまでする。途中、小骨などをとり、みそを加えてさらによく混ぜる。½量はとり出してラップで包み、冷凍保存する。残りに水1.5カップを加える。

3 きゅうりは薄い小口切り、豆腐は6㎜角に切る。**2**に加えて冷蔵庫で2時間ほど冷やし、器に盛る。

4 青じそは縦3等分にしてせん切りにし、みょうがは縦半分に切って端からせん切りにし、しょうがとともに小皿に盛る。

5 器にごはんを盛り、食べるときに冷や汁をかけ、薬味をのせる。

鶏だんご汁

鶏だんごは肉だねがやわらかめなので、鍋に入れるときは手でそっと持ち、落とし入れるようにするのがふんわり仕上げるコツ。

材料（1人分）

鶏ひき肉…80g
えのきだけ…40g
水菜…30g
A ねぎのみじん切り…大さじ1
　おろししょうが…少々
　酒…大さじ1
　しょうゆ…小さじ¼
　かたくり粉…小さじ1
　水…大さじ1
だし…1½カップ
みそ…大さじ1
七味とうがらし…少々

1 ボウルにひき肉、Aを入れて手でよく混ぜる。3等分し、水でぬらした手でだんご状に丸める。

2 えのきは根元を切り落として長さを半分に切る。水菜は3～4㎝長さに切る。

3 鍋にだしを入れて火にかけ、煮立ったら1のだんごを落とし入れ、再び煮立ってきたら、えのきを加える。煮立ってきたらアクを除き、ふたをして弱火で10分ほど煮る。

4 水菜を加えてひと煮し、みそをとき入れる。器に盛り、七味とうがらしを振る。

材料（1人分）

鶏もも肉…大½枚(160g)
プレーンヨーグルト…100g
トマト(完熟)…１個
なす…１個
オクラ…２本
玉ねぎのみじん切り…小１個分
にんにくのみじん切り…½かけ分
カレー粉…小さじ½＋大さじ1½
油…大さじ2⅓
塩…適量
カイエンペッパー…少々
温かいごはん…適量

1　鶏肉は室温にもどし、３〜４cm大に切る。ボウルに入れて塩少々、カレー粉小さじ½をまぶす。

2　トマトはへたをとり、横半分に切って種を除き、１cm角に切る。なすはへたを切り、縦半分に切って長さを半分に切る。オクラはへたを切る。

3　フライパンに油大さじ１を熱してなす、オクラを入れ、中火でしんなりとするまで両面を焼き、とり出す。

4　3のフライパンに油小さじ１を足して鶏肉を皮目から入れ、中火で両面を焼きつけてとり出す。

5　4のフライパンに油大さじ１を足して玉ねぎとにんにくを入れ、色づくまで10分ほど炒める。鶏肉を戻し入れ、カレー粉大さじ1½を加えて炒め、ヨーグルト、トマト、塩小さじ½、カイエンペッパーを加えて混ぜる。煮立ってきたら火を弱めてふたをし、途中、混ぜながら20分ほど煮込む。

6　器にごはんを盛り、チキンカレーをかけ、3の野菜を添える。

カレーのベースは玉ねぎ、完熟トマト、ヨーグルト。水を加えないのでコクのある味に。トマトは冷凍保存しておいたものを使っても。

カレー好きなら倍量を作って翌日も。
おもてなしカレーとしてもおすすめ。
うちでも人気のカレーです

チキン ヨーグルトカレー

1人分なのでスパイスはあれこれ使わず、
カレー粉とカイエンペッパーだけ。
少ない材料でも味わい深いカレーです。

ピビンパ

甘辛味のお肉がたっぷり。キムチを買ったら必ず作るピビンパ。
ぐちゃぐちゃっと、よくかき混ぜて食べてくださいね！

材料（1人分）

牛切り落とし肉…100g
卵…１個
きゅうり…½本
にんじん…20g
白菜キムチ…50g
ねぎのみじん切り…大さじ１
にんにくのみじん切り…少々
ごま油…小さじ1½
酒…大さじ１
A しょうゆ…大さじ⅔
　砂糖…小さじ１
　一味とうがらし…少々
塩…小さじ¼
温かいごはん…150〜200g
いり白ごま…少々

1 フライパンにごま油小さじ½を熱して卵を割り入れ、半熟状の目玉焼きにしてとり出す。

2 フライパンを中火で熱してごま油小さじ１を入れ、牛肉を入れてほぐすように炒める。色が変わったらにんにく、ねぎを加えて炒め、酒を振り、水大さじ２とAを加えてふたをし、弱火で３〜５分煮る。

3 きゅうりは縦半分に切り、斜め薄切りにし、ボウルに入れて塩をまぶして10分ほどおく。しんなりとしたら洗い、水けをよくしぼる。にんじんは皮をむき、スライサーで細いせん切りにする。キムチは１cm幅に切る。

4 器にごはんを盛り、2、3の具を盛りつけて目玉焼きをのせ、ごまを振る。

**鶏肉料理は調理前に鶏肉を冷蔵庫から出して30分～1時間おき、
室温にもどしておくのが、ふっくらやわらかく仕上げるコツです。**

材料（1人分）

鶏もも肉…大½枚（160g）
ねぎ…５cm
ピーマン…１個
酒…大さじ１
しょうゆ…大さじ1⅓
みりん…大さじ１
砂糖…小さじ１
おろししょうが…小さじ½
油…適量
温かいごはん…150～200g
もみのり…適量
紅しょうが…少々

1 鶏肉は室温にもどす。皮目を下にして横長におき、筋を切るようにして浅い切り込みを２～３本入れる。

2 ねぎは１cm厚さの斜め切りにする。ピーマンは縦半分に切ってへたと種をとり、横５mm幅に切る。

3 フライパンに油小さじ１を熱してねぎの切り口を下にして並べ、中火で両面を焼きつけてとり出す。さらに油小さじ１を熱し、ピーマンを入れて中火でしんなりとするまで炒めてとり出す。

4 フライパンをさっと洗って水けをふき、油少々を熱し、鶏肉を皮目を下にして入れ、フライ返しで押さえながら中火で３～４分焼く。返して同じように焼き、ふたをして弱火で２～３分蒸し焼きにする。

5 酒を振り、みりん、砂糖、しょうゆ、しょうがを加えて混ぜ、スプーンで鶏肉にたれをかけながら、弱火で煮からめる。とり出して食べやすく切る。

6 器にごはんを盛ってのりを散らし、ねぎ、ピーマン、鶏肉をのせて全体に5のたれをかけ、紅しょうがをのせる。

鶏の照り焼き丼

香ばしく焼いたねぎ、
甘辛だれのからんだ鶏肉！
部屋中に食欲をそそる香りが…

豚肉は火を止めた湯の中に入れて加熱するのがポイント。
冷めてもやわらかくおいしく仕上がります。お湯はたっぷり用意して。

材料（1人分）

豚ロース肉
（しゃぶしゃぶ用）…80g
そば（乾めん）…80g
きゅうり…½本
青じそ…５枚
みょうが…１個
新しょうが…少々
めんつゆ…適量

1 鍋にたっぷりの湯を沸かして火を止め、豚肉を入れて菜箸で混ぜ、色が変わったら、とり出してそのまま冷ます。

2 きゅうりはスライサーで細いせん切りにする。

3 青じそは縦半分に切ってからせん切りにする。みょうがは薄切りにする。新しょうがは皮つきのまま薄切りにしてからせん切りにする。

4 豚肉は２〜３㎝幅に切り、ボウルに入れて**3**の薬味を加えて混ぜる。

5 たっぷりの熱湯にそばを入れ、袋の表示時間どおりにゆでてざるに上げる。冷水にとってよく洗い、水けをきる。

6 そばにきゅうりを加えて混ぜ、器に盛って**4**の豚肉をのせ、めんつゆを注ぐ。

豚しゃぶのせ
薬味そば

ちゃんぽん

焼きそばのめんを使うのが私流。
野菜もたんぱく質もたっぷり。

材料（1人分）

焼きそば用蒸しめん…１袋
豚バラ薄切り肉…40g
冷凍シーフードミックス…80g
かまぼこ…２切れ(20g)
玉ねぎ…小¼個
キャベツ…50g
もやし…80g
生きくらげ…20g
にんじん…少々
油…大さじ１
酒…大さじ２
湯…２カップ
中華スープのもと（顆粒）…小さじ½
塩、こしょう…各適量

1 豚肉は２cm幅に切る。かまぼこは縦３mm幅に切る。玉ねぎは縦に８mm厚さに、きくらげは８mm幅に切る。にんじんは細切りに、キャベツは３cm大に切る。もやしはひげ根をとって洗い、水けをきる。

2 フライパンに油大さじ½を熱し、キャベツ、もやしを入れて強火にして炒め、軽く塩、こしょうを振り、とり出す。

3 フライパンに油大さじ½を熱し、豚肉を入れてほぐすようにして炒め、シーフードミックス、かまぼこを加えて炒める。玉ねぎ、にんじん、きくらげを加えて炒める。酒を振り、湯を加えて煮立ってきたら、スープのもと、塩小さじ½、こしょう少々、めんを加え、煮立ってきたら、２〜３分煮る。野菜を戻し入れ、ひと煮する。

卵とじうどん

アクがなく下ゆで不要の小松菜と
冷凍干ししいたけを活用。

材料（1人分）

冷凍うどん…１玉
小松菜…100g
卵…１個
干ししいたけ（もどして冷凍したもの）…１個
だし…1⅔カップ
A みりん…大さじ½
しょうゆ…小さじ１
塩…小さじ½

1 しいたけは自然解凍して薄切りにする。小松菜は洗って３〜４cm長さに切る。冷凍うどんは袋の表示どおり解凍する。

2 鍋にだし、しいたけを入れて中火にかけ、煮立ってきたらAを加え、２〜３分煮る。

3 うどんを加え、煮立ってきたら小松菜を加える。２分ほど煮て、割りほぐした卵を回し入れて火を通す。

アスパラガスとキャベツのパスタ

野菜はパスタといっしょにゆでるので、手間もかからず、
量もしっかりとれます。味つけは汁ごと入れるツナにおまかせ。

材料（1人分）

スパゲッティ…80g
グリーンアスパラガス
…２～３本
キャベツ…50g
ツナ缶…60g
赤とうがらし…½本
オリーブ油…大さじ１
塩、こしょう…各少々

1 アスパラガスはピーラーで下から½のところまで皮をむき、２㎝長さの斜め切りにする。キャベツは３㎝長さ、２㎝幅に切る。とうがらしは種を除く。

2 ツナはあらくほぐす。

3 スパゲッティは塩大さじ１（分量外）を入れたたっぷりの湯でゆで、袋に表示どおりのゆで時間の２分前にアスパラガス、キャベツを加えてゆで、ざるに上げる。

4 フライパンにオリーブ油を熱してツナ、とうがらしを入れて炒める。3を加えて炒め合わせ、塩、こしょうで味をととのえる。

エリンギを加えることで
食物繊維もプラス。
味わいも深まります

エリンギ入り
カルボナーラ

あらかじめボウルにソースの材料を混ぜておき、炒めたパスタを入れ、
余熱で卵に火を通します。失敗知らずのカルボナーラ。

材料（1人分）

スパゲッティ…80g
エリンギ…１本(80g)
ベーコン…３枚(50g)
にんにくのみじん切り
…½かけ分
卵…小１個
オリーブ油…大さじ１
A　パルメザンチーズ…大さじ２
　　生クリーム…大さじ３
　　塩、こしょう…各少々
あらびき黒こしょう…適量

1　エリンギは根元を少し切り、縦に８㎜厚さに切り、さらに縦８㎜幅に切る。ベーコンは２㎝幅に切る。

2　大きめのボウルに卵を割りほぐし、Aを加えて混ぜる。

3　フライパンにオリーブ油、にんにくを入れて熱し、香りが立ったらベーコン、エリンギを加えてしんなりとするまでよく炒める。

4　スパゲッティは塩大さじ１(分量外)を入れたたっぷりの湯で袋の表示時間どおりにゆでてざるに上げ、湯をきって3に加え、炒め合わせる。2に加えて混ぜ、器に盛り、こしょうを振る。

じゃがいものお好み焼き

じゃがいもベースのふわふわのお好み焼き。野菜もたんぱく質もたっぷり。キャベツを買ったら、一度は作りたい。

材料（1人分）

じゃがいも… 2個
卵… 1個
キャベツ…100g
ねぎ… 3㎝
ちくわ… 1本
豚バラ薄切り肉…40g
小麦粉…大さじ2
塩…小さじ⅕
こしょう…少々
油…大さじ½
お好み焼きソース、
　マヨネーズ…各適量

1　キャベツは4～5㎝長さのせん切りに、ねぎは小口切りにする。ちくわは薄い輪切りにする。豚肉は長さを半分に切る。

2　じゃがいもは皮をむいておろし金ですりおろし、ざるに上げて軽く水けをきり、ボウルに移す。卵、小麦粉、塩、こしょうを加えて混ぜ、ちくわ、キャベツ、ねぎを加えて混ぜる。

3　フライパンに豚肉を並べ、**2**の生地を流し入れ、平らにしてふたをし、火にかける。中火で2～3分焼き、弱火にして4～5分焼く。上下を返してまわりから油を流し入れ、中火で3分ほど焼き、弱火にして2～3分焼く。

4　器に盛り、ソース、マヨネーズをかける。

フライパン ホットサンド

こんがり焼けたホットサンドは朝ごはんにもおすすめ。
好みの具をはさんで、バリエーションを楽しんで。

アボカド・チーズ&サーモン

材料（1人分）

サンドイッチ用食パン…2枚
アボカド…小½個
スモークサーモン…30g
スライスチーズ…2枚
バター…大さじ1〜2
レモン汁…少々
玉ねぎの薄切り…少々
塩、こしょう…各少々

1 アボカドは皮をむいて縦5㎜厚さに切り、レモン汁を振る。

2 食パン2枚の片面にバターを薄く塗る。1枚にスモークサーモン、玉ねぎ、チーズをのせ、アボカドを並べて塩、こしょうを振り、残りのパンをかぶせてはさむ。

3 フライパンにバター大さじ¼をとかして**2**を入れ、重しがわりに皿など平らなものをのせ、さらにふたをして弱火で4〜5分焼く。とり出してバター大さじ¼をとかし、サンドイッチの上下を返し、ふたをして弱火で3〜4分焼く。

ハム・トマト&卵

材料（1人分）

サンドイッチ用食パン…2枚
ロースハム…2枚
ゆで卵…1個
トマトの輪切り…2切れ
キャベツのせん切り…40g
バター…大さじ1〜2
マヨネーズ…大さじ1
塩、こしょう…各適量

1 キャベツをボウルに入れ、マヨネーズ、塩、こしょう各少々を加えて混ぜる。

2 ゆで卵は5㎜厚さの輪切りにする。

3 食パン2枚の片面にバターを薄く塗る。1枚にハム、キャベツ、ゆで卵、トマトをのせ、塩、こしょう各少々を振り、残りのパンをかぶせてはさむ。

4 アボカド・チーズ&サーモンと同様に焼く。

主食はパンでもごはんでも。食べないときがあってもOK！

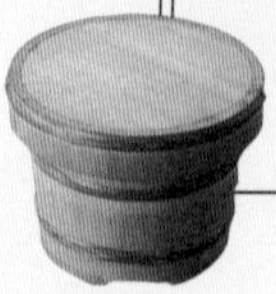

10年以上前、糖質制限をしていたこともありましたが、今は適度に食べています。

ごはんはおひつに入れて水分をとばしてから冷凍

さわら製のおひつは、ごはんの余分な水分を吸ってくれます。炊きたてのごはんをおひつに移してから冷凍用の容器に入れます。

パンも大好き。いろいろな種類を買い、冷凍も

紀ノ国屋で買えるフィンランドの黒パンもよく食べます。ドイツパンよりしっとりソフトで食べやすい。クロワッサンも大好き。

朝はほぼパンですが、それ以外は食べたいものを食べています。和風のおかずでパンを食べるときも。きょうはおかずだけでいいかな、と思うときはおかずだけに。

　ごはんは多めに炊き、一膳分、150gくらいずつ容器に入れて冷凍します。炊きたてのごはんにはかないませんが、おひつを使って水分をとばすとおいしいので、ひと手間かけています。

　パンは食パンを冷凍用保存袋に入れて冷凍。

　おもちも好きなので切りもちを冷凍。焼いてのりとしょうゆ、砂糖としょうゆで食べたり、お正月でなくてもお雑煮にしたり。冷凍うどんも便利ですね。食べたいときに食べたいものが食べられるように、冷凍庫を活用しています。

大事な筋肉を減らしたくないからたんぱく質たっぷり。おなかも満足ラクうまレシピ

PART

3

鶏肉、豚肉、牛肉、卵、魚……。
たんぱく質豊富な食材を中心に
野菜を組み合わせたレシピ。
何度も作りたくなる
お気に入りを見つけてください。

70代以降も健康と元気には たんぱく質が大事。肉、魚、卵… しっかり食べて筋肉をキープ

いつまでも元気でいるためには筋肉を保つことが大事。そのためには運動とともに、食事で筋肉のもととなるたんぱく質をしっかりとることを意識しています。60代以上でも、たんぱく質は1日50〜60gは必要といわれています。豚肉100gに含まれるたんぱく質は約20gですから、60gをとるのは、けっこうたいへん。

私のレシピでは基本的に1人分100gの肉や魚を使っています。肉や魚、卵、大豆製品などを上手に組み合わせておいしく食べましょう。

レンチン蒸し鶏

電子レンジで簡単に作れて、サラダやあえ物、メイン料理と応用がきく蒸し鶏です。

材料（作りやすい分量）

鶏むね肉（皮なし）… 1枚（300g）
酒…大さじ1
塩…少々

1 鶏肉は30分〜1時間前に冷蔵庫から出して室温にもどす。

2 耐熱皿に鶏肉をのせ、酒、塩を振る。ラップをふんわりとかけ、電子レンジ（600W）で4〜5分加熱し、そのまま冷ます。蒸し汁もとっておく。

室温にもどすのがやわらかく仕上げるポイント。下味は酒と塩をまぶすだけ。

蒸し汁はあえ物に使用。保存するなら汁ごと冷蔵庫に。2〜3日で食べきる。

鶏むね肉

低脂肪でたんぱく質豊富な鶏肉。中でもむね肉にはイミダペプチドという抗疲労効果のある成分が。皮を除けばさらに低脂質に。

蒸し鶏のフレッシュトマトソース

厚めに切ってお皿に並べれば、ボリュームたっぷりのメイン料理に。
生のトマトを使ったソースは簡単で、酸味がさわやか。

材料（1人分）

蒸し鶏…100g
レタス…１枚
トマト…½個
A
パセリのみじん切り…大さじ1
オリーブ油…大さじ1
塩…小さじ⅕
こしょう…少々

1 蒸し鶏は６㎜厚さに切る。

2 トマトは横半分に切り、種を除いて１㎝角に切る。ボウルに入れ、Ａを加えて混ぜ、ソースを作る。

3 器にレタスを敷いて、蒸し鶏を盛り、トマトソースをかける。

蒸し鶏とドライマンゴーのエスニックサラダ

材料（1人分）

蒸し鶏…50g
きゅうり…⅓本
玉ねぎ…小¼個
香菜…１株
ドライマンゴー…５g
ごま油…大さじ⅔
A ナンプラー…小さじ１
　レモン汁…小さじ１
　こしょう…少々

1　ドライマンゴーは水にひたしてもどし、水けをきって１cm幅に切る。

2　蒸し鶏は手で食べやすく裂く。

3　きゅうりは１cm厚さの斜め切りにし、さらに縦薄切りにする。玉ねぎは縦薄切り、香菜は３cm長さに切る。

4　ボウルに1、2、3を入れ、ごま油を振って全体を混ぜ、Aを加えて混ぜ、器に盛る。

蒸し鶏といんげんのごまあえ

いんげんは水にさらさずに
冷ますと水っぽくなりません。

材料（1人分）

蒸し鶏…50g
さやいんげん…50g
すり白ごま…大さじ２
A 砂糖…小さじ½
　しょうゆ…大さじ½
　蒸し鶏の蒸し汁…大さじ１

1　蒸し鶏は手で食べやすく裂く。

2　いんげんは塩少々（分量外）を入れたたっぷりの湯で２分ほどゆでる。ざるに広げて冷まし、へたを落として３cm長さに切る。

3　ボウルにごまとAを入れて混ぜ、蒸し鶏、いんげんを加えてあえ、器に盛る。

水でやわらかく
もどした
ドライマンゴーの
甘[illegible]がアクセントに

ナンプラー、香菜、
ときにはエスニックな
味わいのサラダも新鮮。

豚バラ薄切り肉

豚肉は脂の多いバラ肉の薄切りがおすすめ。脂に含まれたうまみが料理をおいしく仕上げてくれる。薄切りなら冷凍も解凍もラク。

豚バラ肉とにらの塩炒め

豚肉をゆっくり炒め、出た脂でにらをさっと炒める。
豚の脂のうまみがあるので味つけはシンプルに仕上げます。

材料（1人分）

豚バラ薄切り肉…100g
にら…100g
赤とうがらし…½本
油…小さじ½
酒…大さじ1
塩…小さじ⅕〜¼
こしょう…少々

1 豚肉は２cm幅に切る。にらは３〜４cm長さに切る。とうがらしは種を除く。

2 フライパンに油を熱し、豚肉を入れて中火でゆっくりと炒め、少し色づいたら、とうがらし、にらを加えて強火でさっと炒め、酒を振り、塩、こしょうを加えて炒め合わせる。

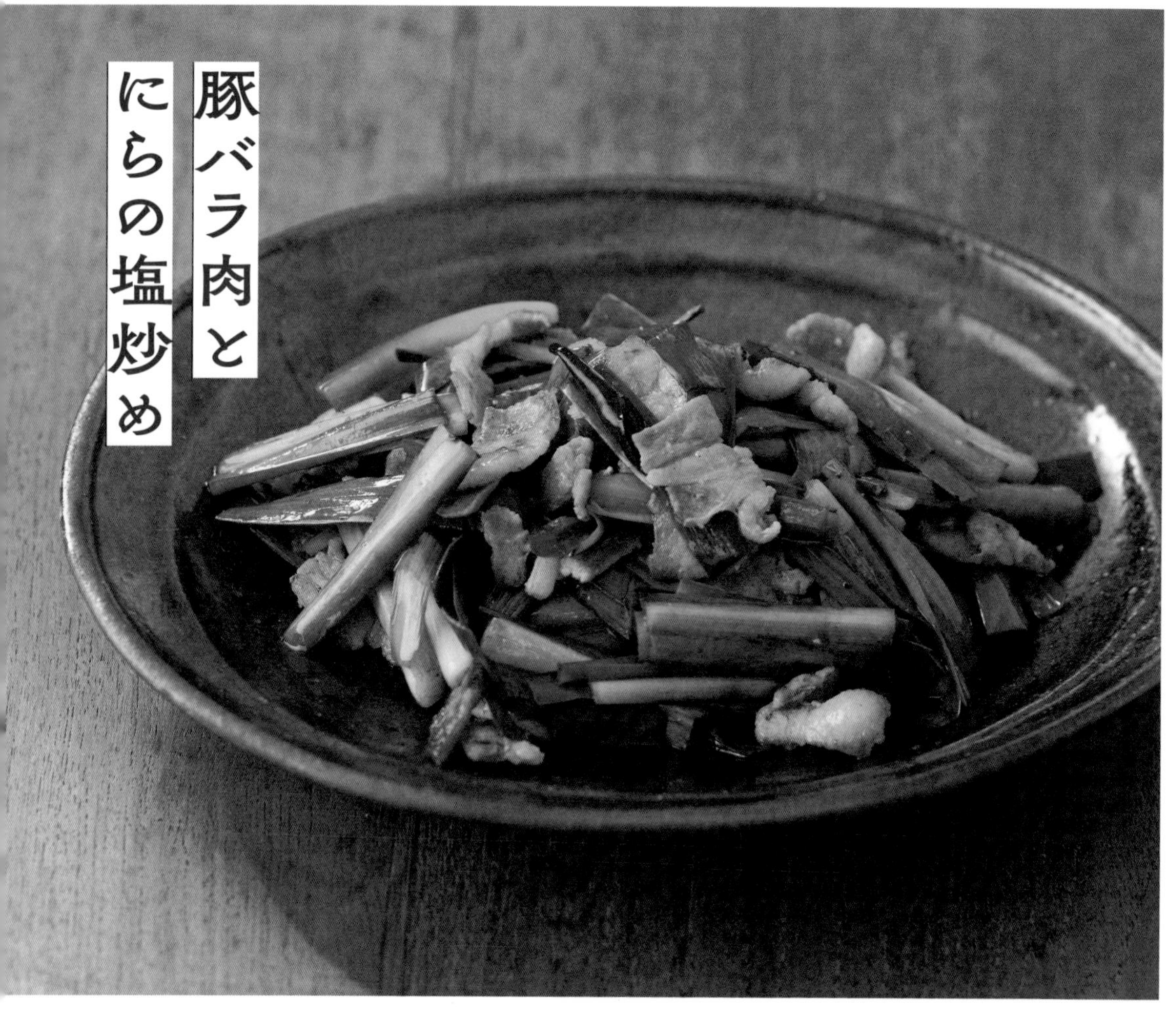

しゃぶしゃぶ肉と豆腐のすき煮

春菊にくらべて1束が少量のクレソンは、ひとり鍋におすすめ。
香りもよく、シャキシャキ感も楽しめます。

材料（1人分）

豚バラ肉（しゃぶしゃぶ用）…100g
絹ごし豆腐…½丁（150g）
クレソン…１束
しょうが…小½かけ
油…小さじ１
酒…大さじ２
A｜みりん…大さじ１
｜砂糖…大さじ½
｜しょうゆ…大さじ1½
七味とうがらし…少々

1 豚肉は７～８㎝幅に切る。豆腐は４等分に切る。クレソンは長さを３等分に切る。しょうがは皮をむき、薄切りにしてからせん切りにする。

2 フライパンに油を熱し、豚肉を入れてほぐすようにして炒め、肉の色が変わったら、しょうがを加えて炒める。酒を振り、水½カップを加えて煮立ってきたらAを加え、ふたをして弱火で３～４分煮る。

3 肉を端に寄せ、豆腐を入れてスプーンで煮汁をかけ、ふたをして弱火で４～５分煮る。

4 クレソンを加えて１分ほど煮る。器に盛り、七味とうがらしを振る。

牛切り落とし肉

牛肉は切らずにいろいろな料理に使える切り落とし肉が便利。
やわらかく適度に脂のある国産牛も、切り落としならリーズナブル。

じゃがいもの
シャキッとした歯ざわり、
七味をきかせた味は
ビールのつまみにも

じゃがいもの水けが
残っていると味が
ぼやけるので水きりは大事。

牛肉とじゃがいもの韓国風炒め物

材料（1人分）

牛切り落とし肉…100g
じゃがいも… 2個
ねぎのみじん切り…大さじ2
にんにくのみじん切り…少々
おろししょうが…少々
ごま油…大さじ½
酒…大さじ1
A しょうゆ…大さじ½
砂糖…小さじ½
塩…小さじ⅓
一味とうがらし…少々
いり白ごま…少々
一味とうがらし…少々

1 じゃがいもは皮をむいてスライサーでせん切りにする。水につけて表面のでんぷん質を洗い落とし、サラダスピナーで水けをよくきる。

2 フライパンにごま油を熱して牛肉を入れ、中火でほぐすようにして炒め、肉の色が変わったら、にんにく、しょうが、ねぎを加えて炒める。酒を振り、弱火にしてAを加えて炒め合わせる。

3 1のじゃがいもを加えて中火でさっと炒め合わせ、器に盛ってごま、一味とうがらしを振る。

水にさらしたら、水けをしっかりきるのが味を決めるコツ。サラダスピナーを使えば簡単に水きりができます。

同じ太さに切るのがおいしさのコツなので、せん切りはスライサーを活用。動かないようにぬれぶきんを敷いて。

ごぼうを薄切りにして炒めるので下ゆでは必要なし。最後に調味料を加えてひと混ぜしたら、あとはふたをして煮るだけです。

材料（1人分）

牛切り落とし肉…100g
ごぼう…１本(100g)
油…大さじ½
酒…大さじ2

A
みりん…大さじ1
砂糖…大さじ½
しょうゆ…大さじ1½

1 ごぼうは皮をこそげて洗い、斜め薄切りにしてさっと洗い、サラダスピナーで水けをきる。

2 フライパンに油を熱して牛肉を入れ、中火でほぐすようにして炒め、肉の色が変わったら、ごぼうを加えて炒める。酒を振り、水⅓〜½カップを加える。煮立ってきたらAを加えて混ぜ、再び煮立ってきたらふたをして弱火で10分ほど煮る。

牛肉とごぼうの炒め煮

ひき肉

くせのない鶏ひき肉は煮物やつくねなどに。
うまみのある豚ひき肉は麻婆豆腐や汁物に。少量ずつ冷凍しておくと便利。

鶏ひき肉とかぶのそぼろ煮

ぽろぽろに炒めた鶏ひき肉から出るだしが、やさしい味わいの煮物。
にんじんはピーラーで薄く帯状にするので早く煮えます。

材料（1人分）

鶏ひき肉…100g
かぶ…小２個(正味120g)
かぶの葉…30g
にんじん…10g
酒…大さじ１
油…少々
A　みりん…大さじ１
　しょうゆ…小さじ１
　塩…小さじ¼
かたくり粉…小さじ１
ゆずの皮のせん切り…少々

1 かぶは茎を３cmほど残して葉を切り、皮をむいて縦２等分に切る。葉は塩(分量外)を加えた湯で色よくゆで、冷水にとって冷ます。水けをしぼり、３cm長さに切る。にんじんはピーラーで帯状に切る。

2 フライパンに油を熱してひき肉を入れ、弱めの中火で、ほぐすように炒める。ぽろぽろになったら酒を振り、水⅔カップを加え、煮立ってきたら火を弱めてアクを除く。かぶを加えて中火にし、煮立ってきたらAを加えてふたをし、かぶがやわらかくなるまで弱火で10分ほど煮る。

3 かぶの葉、にんじんを加え、ふたをして２〜３分煮たら、汁を残して器に盛る。

4 残りの汁に水小さじ２でといたかたくり粉を入れて混ぜ、とろみをつける。3にかけ、ゆずの皮を天盛りにする。

鶏つくねの照り焼き

きくらげを混ぜ込んだつくねは、歯ざわりのよさとともに食物繊維も豊富に。こまかく切ったれんこんやもどしたひじきなどにかえても。

材料（1人分）

鶏ひき肉…100g
かぼちゃ…50g（正味）
生きくらげ…20g
A ねぎのみじん切り…大さじ2
　おろししょうが…少々
　酒…大さじ1
　しょうゆ…小さじ½
　かたくり粉…小さじ1
油…大さじ⅔
酒…大さじ1
B みりん…大さじ1
　砂糖…小さじ1
　しょうゆ…大さじ⅔

1 きくらげは石づきを切り落とし、2～3㎝幅に切り、端から3㎜幅の細切りにする。

2 ボウルにひき肉とAを入れて手でよく混ぜ、きくらげを加えてさらによく混ぜる。2等分し、水でぬらした手で丸く薄く形づくる。

3 かぼちゃは皮つきのまま洗って種とわたを除き、1㎝厚さに切って長さを3等分に切る。

4 フライパンに油を熱してつくねを入れ、まわりにかぼちゃを入れて中火で2分ほど焼き、弱火にして3分ほど焼く。上下を返して同様に焼き、かぼちゃをとり出す。

5 酒を振り、Bを加えてつくねにからめるようにしてフライパンを揺すり、とろりとするまで煮詰める。

6 器につくねを盛ってかぼちゃを添え、残ったたれをつくねにかける。

ひき肉を炒めて調味料を入れたら、少し煮るのがポイント。
ひき肉のうまみが豆腐にしみて、とびきりおいしい麻婆豆腐に。

材料（1人分）

豚ひき肉…100g
しめじ…50g（正味）
絹ごし豆腐…½丁（150g）
ねぎのみじん切り…大さじ2
にんにくのみじん切り…少々
油…大さじ½
豆板醤…小さじ¼～⅓
酒…大さじ1
砂糖…小さじ1
しょうゆ…大さじ1⅓
かたくり粉…大さじ½
ごま油…小さじ½

1 しめじは2～3本ずつにほぐす。

2 豆腐は厚みを半分に切り、1.5㎝角ぐらいに切る。

3 フライパンに油を熱してひき肉を入れ、中火でほぐすようにして炒め、肉の色が変わったら、しめじを加えてしんなりとするまで炒める。にんにく、ねぎを加えて炒め、豆板醤を加えて炒め、酒を振り、水⅔カップを加える。煮立ってきたら、砂糖、しょうゆを加えて混ぜ、再び煮立ってきたら、火を弱めてふたをし、8～10分煮る。

4 豆腐を加え、温まるまで2～3分煮て、水大さじ1でといたかたくり粉を加えてとろみをつけ、ごま油を振る。器に盛り、好みで花椒《ホアジャオ》を振る。

ごはんが進む麻婆豆腐。
炊きたてごはんを
お忘れなく！

きのこ入り
麻婆豆腐

たんぱく質、ミネラル、ビタミンが豊富で完全栄養食と呼ばれる卵。料理のバリエーションも多く、メインのおかずにもなる便利食材。

ポーチドエッグのサラダ

ポーチドエッグを上手に仕上げるのに必要なのは、卵の新鮮さ。
買ってきたら、できるだけ早く作りましょう！

材料（1人分）

卵…２個（新鮮なもの）
ベビーリーフ…40g
ミニトマト…３個
A｜マヨネーズ…大さじ１
｜フレンチドレッシング
｜…大さじ１（102ページ）
｜粒マスタード…大さじ½
酢…大さじ１
塩…小さじ½

1 卵は１個ずつ、小さいボウルに割り入れておく。

2 小鍋に水３カップを煮立て、酢と塩を加える。中火にし、菜箸で湯をかき混ぜて渦を作り、中心に卵を１個、静かに落とし入れる。卵白が固まって白くなってきたら、残りの卵も同じように入れ、途中、返しながら、４～５分ゆでたらバットにとり出す。あら熱をとり、冷蔵庫で冷やす。

3 ベビーリーフは洗い、サラダスピナーで水けをよくきる。ミニトマトはへたをとり、横に５㎜厚さの輪切りにする。

4 ボウルにAを入れて混ぜ、ソースを作る。

5 器にベビーリーフを敷き、ポーチドエッグを盛り、ミニトマトをのせ、ソースをかける。

作っておけば時間がないときや
料理をする気のないときの助けにも。

材料（作りやすい分量）

卵…６個

漬け汁
- だし昆布（５㎝角）…１枚
- みりん…⅓カップ
- しょうゆ…⅓カップ
- 削り節…10g

1 鍋に水1⅔カップ、昆布を入れて30分〜１時間ひたす。卵は室温にもどす。

2 **1**の鍋を弱火にかけ、煮立ってきたら中火にし、みりん、しょうゆを加える。再び煮立ってきたら削り節を入れ、弱火で３分ほど煮て火を止め、こして冷ます。

3 大きめの鍋に湯を沸かし、弱火にして卵をスプーンにのせて静かに入れる。中火にして再び煮立つまで静かに菜箸で混ぜ、煮立ったら６分ほどゆでてとり出し、氷水にとる。卵が完全に冷めるまで30分ほどおく。

4 卵の殻をむき、保存容器に入れて**2**を注ぎ、ふたをして冷蔵庫で二晩おき、味をしみ込ませる。

※保存は冷蔵庫で４〜5日

半熟卵のしょうゆ漬け

いり卵は火を入れすぎて
かたくならないように気をつけて。

材料（1人分）

卵…２個
しらす干し…大さじ４
青じそ…３枚
油…小さじ１
しょうゆ、塩…各適量

1 ボウルに卵を割りほぐし、塩少々を加えてさっと混ぜる。フライパンに油を熱し、卵を一気に流し入れ、まわりがチリチリになったら大きくかき混ぜる。色が変わったらすぐにとり出す。

2 青じそは手で半分にちぎり、さらに食べやすい大きさにちぎる。

3 いり卵のあら熱がとれたらボウルに入れ、青じそ、しらす干しを加え、しょうゆ、塩各少々を加えてあえる。

いり卵としらす干しのあえ物

肉と同じくらい魚も食べたい。切り身、刺し身、干物、缶詰、上手に利用すれば料理のバリエーションも広がる。

洋風の魚料理を食べたいと思った
ときに作るのがアクアパッツァ。
にんにく、パセリ、バジルが香る一皿は
パンにもごはんにも。

材料（1人分）
白身魚の切り身… 1切れ（たいなど）
マッシュルーム…50g
ミニトマト… 5個
にんにく…½かけ
オリーブ油…大さじ2～3
白ワイン…大さじ2
塩、こしょう…各適量
パセリのみじん切り…大さじ1
生バジル…適量

1 白身魚は皮目に格子状に切り目を入れ、両面に塩、こしょう各少々を振る。

2 マッシュルームは縦半分に切る。にんにくは半分に切る。ミニトマトはへたをとる。

3 フライパンにオリーブ油、にんにくを入れて弱火で熱し、香りが立ったら白身魚を入れる。スプーンでオリーブ油をかけ、表面の色が変わったら、まわりにマッシュルームを入れて炒める。ミニトマトを加え、白ワイン、塩小さじ⅓、こしょう少々を振ってふたをし、8～10分煮る。

4 パセリ、バジルを加えてひと煮する。

多めのオリーブ油を使い、スプーンで皮目にかけながら、魚に火を入れる。身がふんわりと仕上がる。

汁を白いごはんに
かけて食べれば、
それもまた
ごちそう！

切り身魚の
アクアパッツァ

干物の香草焼き

冷凍しておけばいつでも食べられる干物。塩味がついているので、
マリネをしてフライパンで焼けば、おしゃれな洋風おかずに。

材料（1人分）

あじの干物… 1枚(約150g)

A
- 白ワイン…大さじ1
- オリーブ油…大さじ1
- にんにくの薄切り…½かけ分
- しょうがの皮…適量
- ローリエ(ちぎる)…½枚
- パセリのみじん切り…大さじ1
- こしょう…少々
- レモンの半月切り… 2切れ

ピーマン… 1個

さつまいも(細め)… 4㎝

オリーブ油…大さじ½

レモンのくし形切り… 1切れ

1 あじとAはバットに入れてからめ、30分〜1時間マリネする。

2 さつまいもは皮つきのまま縦半分に切り、さらに1㎝厚さに切る。ピーマンは縦4等分に切ってへたと種をとる。

3 フライパンにオリーブ油を熱してさつまいもを入れ、弱火にして3分ほど焼き、返してピーマンを加えて中火で3分ほど焼いてとり出す。

4 フライパンをキッチンペーパーでふき、1のあじを入れて中火で4〜5分焼き、返して3〜4分焼く。器に盛り、さつまいも、ピーマン、レモンを添える。

かじきのマヨピカタ

衣にマヨネーズを入れるとかたく
ならずふんわり焼けます。

材料（1人分）

めかじき…１切れ
卵…１個
塩…少々
こしょう…少々
マヨネーズ…大さじ１
パセリのみじん切り
…大さじ１
小麦粉…適量
油…少々
ベビーリーフ…20g

1 めかじきは半分に切ってから厚みを半分に切り、両面に塩、こしょうを振る。

2 ボウルに卵を割りほぐし、マヨネーズを加えて泡立て器で混ぜ、パセリを加えて混ぜる。

3 めかじきの水けをふき、小麦粉をまぶして余分な粉を落とし、2に入れてからめる。

4 フライパンに油を熱し、3を１切れずつスプーンですくい、間隔をあけて並べ入れる。弱めの中火で２分ほど焼き、返して弱火で２分ほど焼く。

5 器にベビーリーフをのせてピカタを盛る。

鮭のみそ漬け焼き

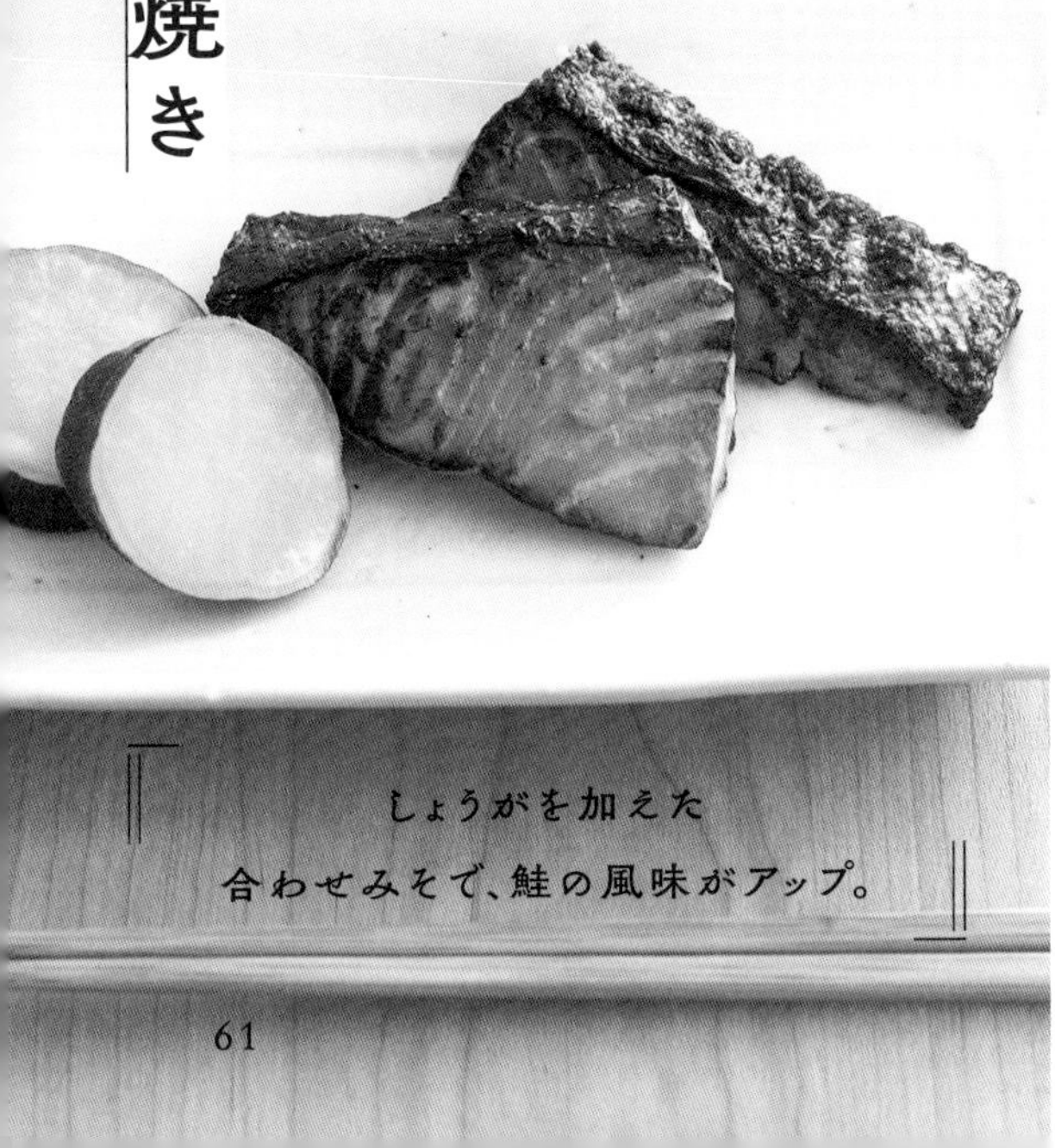

しょうがを加えた
合わせみそで、鮭の風味がアップ。

材料（1人分）

生鮭…１切れ
さつまいも…２cm
みそ…大さじ１
A 酒…大さじ½
　おろししょうが…少々
B 水…大さじ1½
　砂糖…大さじ¼
　レモン汁
　…大さじ¼

1 ボウルにみそを入れ、Aを加えて混ぜる。

2 ラップを広げ、1の半量を塗って鮭をおき、残りの1を塗り、ラップで包む。バットなどにのせて一晩おく。

3 さつまいもは皮をむかずに厚みを半分に切る。耐熱の器に入れてBを加えて混ぜ、ふんわりとラップをかけて電子レンジ(600W)で２分ほど加熱し、そのまま冷ます。

4 鮭のみそを手でぬぐって長さを半分に切り、魚焼きグリルで中火で６～７分焼く（片面焼きグリルの場合は４分焼き、返して３分焼く）。器に盛り、さつまいもを添える。

お刺し身もいろいろな食材と
組み合わせれば
飽きずに食べられます

まぐろ＆キムチどんぶり

キムチとまぐろの刺し身があれば、あっという間にでき上がり！
春菊の苦みがアクセント。なければ青ねぎでも。

材料（1人分）

まぐろ（刺し身用・赤身）…100g
白菜キムチ…80g
春菊（やわらかい葉の部分を摘む）…10g
ごま油…大さじ1
しょうゆ…大さじ$\frac{2}{3}$
いり白ごま…小さじ1
温かいごはん…160〜200g

1　まぐろは1.5cm角に切る。キムチは1.5cm大に切る。

2　ボウルにまぐろ、キムチを入れ、ごま油を振って全体を混ぜ、しょうゆを加えて混ぜ、春菊を加えてあえる。

3　器にごはんを盛り、**2**をのせ、ごまを振る。

さば缶サラダ

買い物に行けない日でも、さば缶があれば栄養たっぷりのごちそうサラダが簡単に。みそ煮缶の汁もドレッシングに活用します。

材料（1人分）

さばのみそ煮缶… 1 缶(190g)
レタス…120g
きゅうり…⅓本
トマト…小½個
玉ねぎ…少々
ごま油…大さじ 1
酢…大さじ⅔
こしょう…少々
いり白ごま…少々

1 レタスは３～４㎝大に切る。きゅうりは薄い小口切りにする。玉ねぎは薄い半月切りにする。トマトは1.5㎝角に切る。

2 レタス、きゅうり、玉ねぎは冷水にさらしてパリッとさせたら、サラダスピナーで水けをきる。

3 器に盛り、さばをあらくほぐして汁ごと盛る。トマトを散らし、ごま油、酢、こしょう、ごまを振る。全体を混ぜて食べる。

厚揚げ・豆腐

植物性たんぱく質が豊富な豆腐、厚揚げなどの大豆製品。
油で揚げてある厚揚げはコクがあり、炒め物や煮物の主役にも。

厚揚げといんげんのカリカリ炒め

干しえびのだし、ザーサイの風味がきいた炒め物。
厚揚げを加えたら、ゆっくり炒めてカリカリに仕上げましょう。

材料（1人分）

厚揚げ…½枚（125g）
さやいんげん…60g
干しえび…大さじ1
ごま油… 大さじ1
ねぎのみじん切り…大さじ3
しょうがのみじん切り…小さじ1
ザーサイ（びん入り・味つき）の
　みじん切り…20g
酒…大さじ1
塩…小さじ⅕　こしょう…少々
いり白ごま…適量

1 小さいボウルに干しえびと水大さじ2を入れ、20〜30分おいてもどし、あらみじんに切る。もどし汁大さじ1はとっておく。

2 厚揚げは半分に切り、端から3〜4㎜厚さに切る。

3 いんげんはへたを切り、長さを2等分する。

4 フライパンにごま油を熱していんげんを炒め、ふたをして1分ほど蒸す。厚揚げを加え、弱めの中火で両面をゆっくり、カリカリになるまで炒める。

5 干しえびを加えて炒め、しょうが、ねぎ、ザーサイを加えて炒める。えびのもどし汁、酒を振り、塩、こしょうを加えて汁けをとばし、ごまを加えて混ぜる。

厚揚げの土佐煮

かつお節の風味がじゅわっと
口の中に広がります。

材料（1人分）

厚揚げ… 1 枚(250g)
A みりん…大さじ1
　砂糖…小さじ1
　しょうゆ…大さじ1
削り節… 3g

1 厚揚げは短い辺を半分に切り、1㎝厚さに切る。

2 フライパンに厚揚げ、水½カップを入れて火にかけ、煮立ってきたら、A、削り節の½量を入れる。再び煮立ってきたら、ふたをして弱火で8〜10分煮る。

3 ふたをとり、汁けが残っていたら中火にしてとばし、残りの削り節をまぶして器に盛る。

たらこ入り豆腐ととろろのグラタン

とろろがホワイトソースのかわり。
ふんわりやさしいグラタン。

材料（1人分）

木綿豆腐(やわらかいタイプ)…⅔丁(200g)
長いも…100g
たらこ…大さじ1(20g)
ピザ用チーズ…20g
マヨネーズ…大さじ½
オリーブ油…大さじ1
塩、こしょう…各少々

1 豆腐は3㎝角に切る。

2 長いもは皮をむいてすりおろす。ボウルに入れ、たらこ、マヨネーズ、オリーブ油、塩、こしょうを加え、チーズの½量を入れて全体をよく混ぜる。

3 耐熱の器に豆腐を並べてとろろソースをかけ、残りのチーズを振り、オーブントースターで10〜12分焼く。

大好きなチーズで栄養をプラス。ちょっとぜいたくに

黒パンにスモークサーモン、きゅうり、クリームチーズをはさんだサンドイッチ。

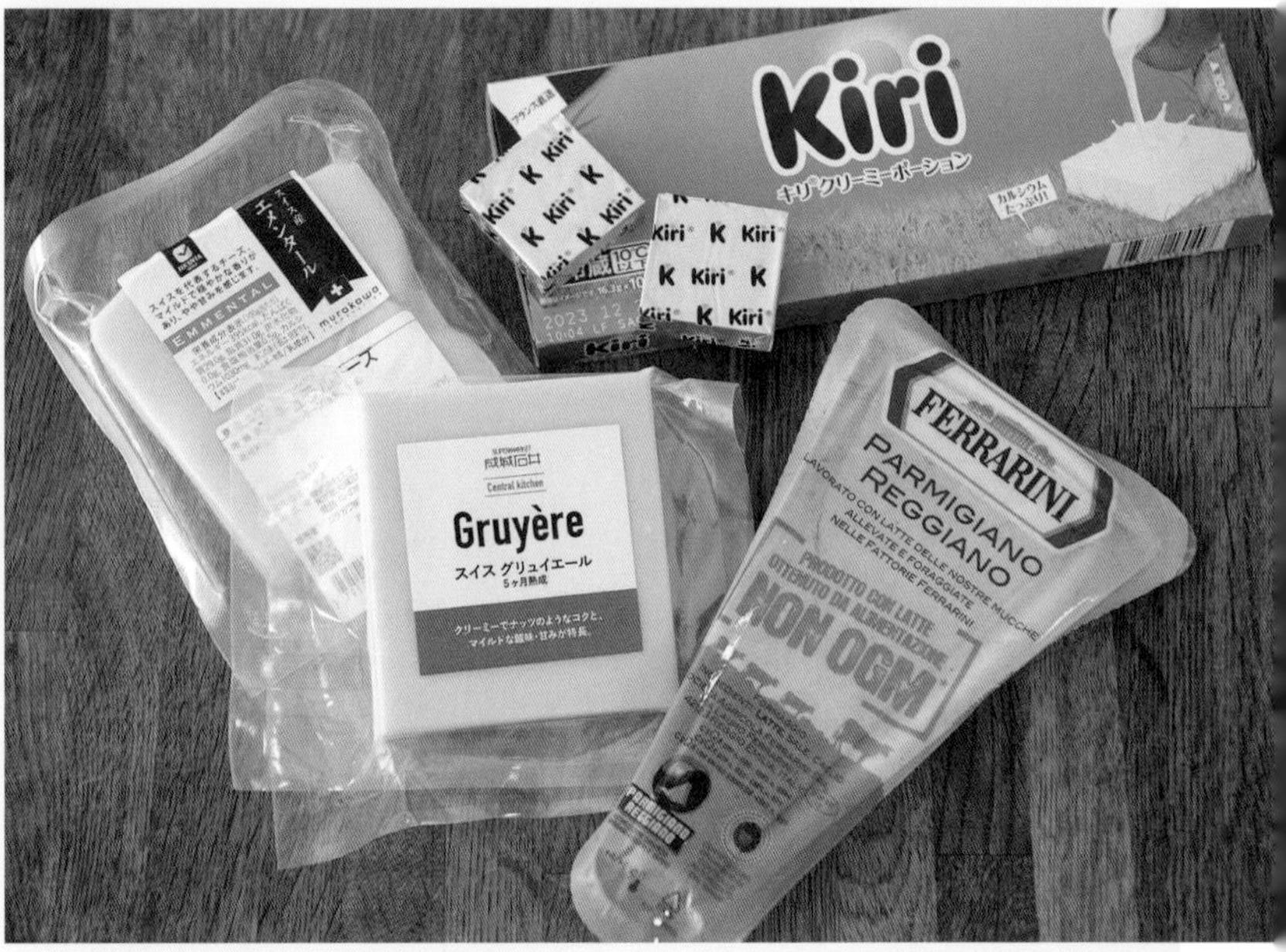

パルメザンチーズはおろしたての風味を楽しんでいます

上／基本的に道具は少なく、と思っていますがチーズおろし器は２タイプ使っています。パルミジャーノ・レッジャーノは左のおろし器で。右のロータリータイプのおろし器はやわらかいチーズ用。右／お気に入りのチーズはかたまりで購入。冷蔵庫に常備しています。

チーズは大好き。たんぱく質やカルシウムの補給にもなるので、積極的に食べています。クリームチーズやエメンタール、グリュイエールなどのナチュラルチーズがお気に入り。クリームチーズはバターのかわりにパンに塗ったり、ナチュラルチーズでチーズトーストを作ったり。グラタンなどの料理にも。

ちょっと値は張りますが、お気に入りのチーズはかたまりで買います。そのほうがおいしいし日もちするので。ひとり暮らしならではのぜいたくですね。パルメザンチーズ（パルミジャーノ・レッジャーノ）もかたまりで常備。レシピの材料には「粉チーズ」としていますが、おろしたてのパルミジャーノ・レッジャーノは味の深みも香りも格別です。

食物繊維、ビタミン、ミネラルもしっかり。野菜&乾物を味わうレシピ

PART

4

私の好きな野菜を選び、
その魅力が伝わるような
レシピを選びました。
日本の伝統食、乾物ももっと食卓に。
年齢を重ねると腸の働きも鈍るので
食物繊維も意識してとりたいですね。

「一日350g」にこだわらず、好きな野菜をたっぷり食べる。便利な乾物も活用します

野菜は一日に350g必要といわれますが、350gはかなりの量。私も足りていないと思います。野菜をできるだけたくさん食べるには、好きな野菜をいろいろな料理に使う、ということでしょうか。

第4章は私が好きで、よく食べる野菜のレシピを選びました。

最近のお気に入りはカリフラワー。ゆでてサラダにすることが多い野菜ですが、生でも焼いても煮てもおいしく食べられます。アスパラガスも下ゆで不要で、すぐに炒め物などに使えて便利。ここでは取り上げませんでしたが、かぼちゃも好きで、煮物やサラダなどにしてよく食べます。

ひじきや切り干し大根などの乾物も、組み合わせるものによって立派なメインおかずにもなります。もっと活用しては、と思います。

アスパラガスと鶏肉の中華炒め

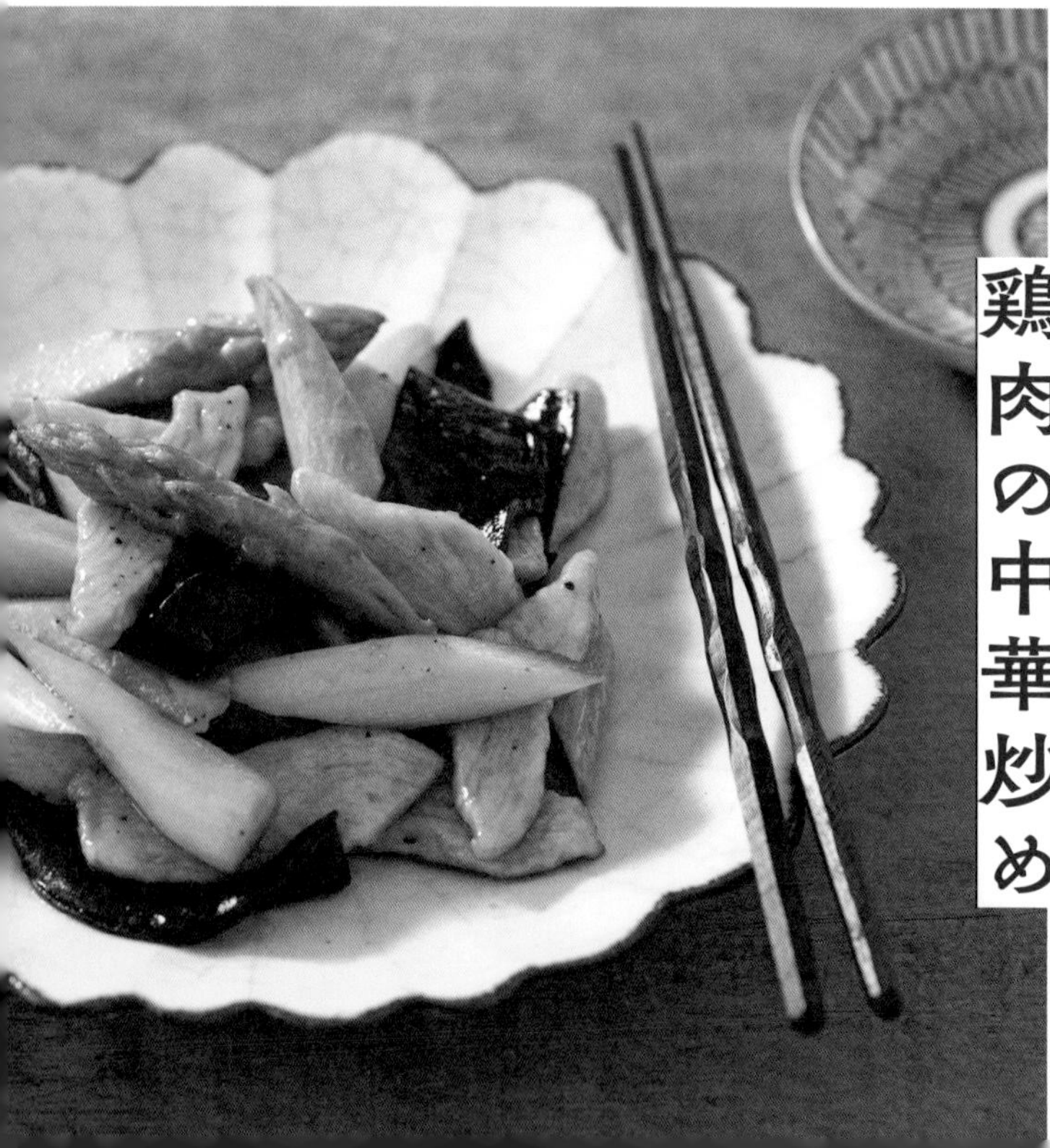

グリーンアスパラガス

一年中手に入るアスパラガス。太いもののほうがやわらかくて味もよいのでおすすめ。

アスパラガスの豚肉巻き焼き

豚バラ肉のうまみがしみ込むので、シンプルに塩・こしょうで味つけ。

材料（1人分）

グリーンアスパラガス（太いもの）
…４本（170g）
豚バラ肉（しゃぶしゃぶ用）…８枚（120g）
塩、こしょう…各少々
レモンの半月切り…１切れ

1. アスパラガスは根元を少し切り落とし、下から½のところまでピーラーで皮をむく。
2. アスパラガス１本に豚肉２枚を巻き、全体に塩、こしょうを振る。
3. 魚焼きグリルを熱して入れ、７〜８分焼く。器に盛り、レモンを添える。

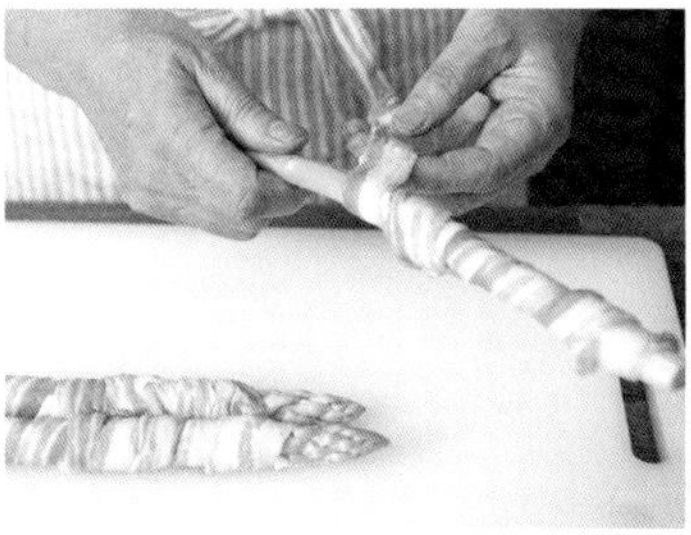

アスパラの端からすき間ができないように、豚肉を巻きつけていく。

アスパラは少しの水で蒸し炒め。色も歯ざわりもよく仕上がります。

材料（1人分）

グリーンアスパラガス
…３本（約120g）
鶏むね肉…100g
生きくらげ…25g
かたくり粉…小さじ１
にんにく…½かけ
油…大さじ１
酒…大さじ１
A 砂糖…小さじ½
しょうゆ…大さじ１
こしょう…少々

1. アスパラガスは根元を少し切り落とし、下から½までのところまでピーラーで皮をむき、２〜３cm長さの斜め切りにする。きくらげは石づきを切りとり、1.5cm幅に切る。にんにくは包丁でつぶす。
2. 鶏肉は５cm長さ、１cm角の棒状に切る。
3. フライパンに油小さじ１を熱し、アスパラガスを入れて中火で１分炒め、水大さじ１を入れる。ふたをして１分ほど蒸し炒めにし、とり出す。
4. フライパンに油小さじ２、にんにくを入れて弱火で炒め、香りが立ったら、鶏肉にかたくり粉をまぶして入れ、ほぐすようにして中火で炒める。色が変わったら、きくらげを加えて炒め、酒を振り、まぜ合わせたAを加えて炒め合わせ、アスパラガスを戻し入れて炒め合わせる。

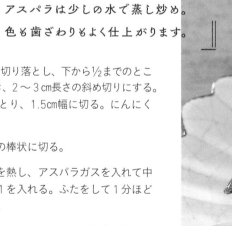

カリフラワーのミモザサラダ

カリフラワー

ビタミンCや食物繊維が豊富。
クセがなく、生でも焼いても煮てもおいしい。

卵の黄色がカリフラワーの白に映えて、テーブルが華やかに。
薄くパリパリのカリフラワーの歯ざわりを楽しんで。

材料（1人分）

カリフラワー…100g
生ハム…30g
ゆで卵…１個
イタリアンパセリ…少々
フレンチドレッシング
（102ページ）…大さじ２〜３

1. カリフラワーは小房に分け、縦薄切りにして冷水にさらす。パリッとしたら、サラダスピナーで水けをきる。
2. 生ハムは食べやすく切る。
3. ゆで卵は黄身と白身に分け、白身はみじん切りにし、黄身は万能こし器を通す。
4. 器にカリフラワー、生ハムを盛り、ゆで卵とイタリアンパセリを散らし、ドレッシングをかける。

ころんとしたきのこのような形が
楽しい、和風の煮物。

材料（1人分）

カリフラワー…５房（約100g）
鶏ひき肉…100g
A
- ねぎのみじん切り…大さじ２
- しょうがのしぼり汁…小さじ½
- 酒…大さじ１
- 塩…少々
- かたくり粉…小さじ １
- 水…大さじ１～２

だし…1¼カップ
B
- 酒…大さじ１
- みりん…大さじ１
- しょうゆ…小さじ½
- 塩…小さじ¼

かたくり粉…適量
あらびき黒こしょう…少々

1 ボウルにひき肉を入れ、Aを加えて手で粘りが出るまでよく混ぜ合わせ、５等分する。

2 カリフラワーのつぼみの部分にかたくり粉を薄くまぶし、肉だねをはりつけるようにして包み込む。残りも同様にする。

3 フライパンにだしを入れて中火で煮立て、Bを加え、2をひき肉の面を下にして入れる。再び煮立ってきたら、ふたをして弱火で12～15分、竹ぐしを刺してすっと入るまで煮る。

4 器に盛る。フライパンに残った煮汁に小さじ２の水でといたかたくり粉小さじ１でとろみをつけてカリフラワーにかけ、こしょうを振る。

カリフラワーのガーリックソテー

スナック感覚のおかず。オイルを
多めに使って焼くのがポイント。

材料（1人分）

カリフラワー…120g
にんにく…１かけ
オリーブ油…大さじ２～３
塩、こしょう…各少々
バルサミコ酢…適量（好みで）

1 カリフラワーは縦に１㎝厚さに切る。にんにくは薄切りにする。

2 フライパンにオリーブ油、にんにくを入れて弱火でゆっくり香りよく炒めて、とり出す。

3 カリフラワーを入れて中火で両面を色よく焼きつけ、塩、こしょうを振る。にんにくを戻して器に盛り、バルサミコ酢をかける。

ほうれんそう

ほうれんそうや小松菜は、1束まるごとゆでておくと、おひたしやソテー、あえ物などに活用できて便利。

ほうれんそうと豚肉のオイスターソース炒め

ほうれんそうはさっと炒めてから水を加えて蒸し炒めにすると、
葉も茎も均一に火が通り、歯ざわりのよい仕上がりに。

材料（1人分）

ほうれんそう…150g
豚バラ薄切り肉…100g
ねぎ…¼本
赤とうがらし…½本
油…大さじ½
酒…大さじ1
オイスターソース…大さじ1
こしょう…少々

1 ほうれんそうは太い株は根元に十文字の切り込みを入れ、水に10分ほどつけて茎の間の汚れを落とす。水けをきって、長さを3等分に切る。

2 ねぎは1㎝厚さの斜め切りにする。とうがらしは種をとる。豚肉は3〜4㎝長さに切る。

3 フライパンに油を熱し、ほうれんそうを強火でさっと炒め、水大さじ2を加える。ふたをして1分ほど蒸し炒めにし、とり出す。

4 フライパンをさっと洗って水けをふき、豚肉、とうがらしを入れ、ほぐしながら、肉の脂が出るまで中火で炒める。余分な脂をキッチンペーパーでふき、ねぎを加えて炒め合わせる。

5 酒を振り、オイスターソース、こしょうを加えてからめ、ほうれんそうを戻し入れて炒め合わせる。

ほうれんそうの白あえ風サラダ

ほうれんそうは切ってから
ゆでると、そのあとの調理がラクに。

材料（1人分）

ほうれんそう…100g
ミニトマト…３個
木綿豆腐…½丁（150g）
すり白ごま…大さじ½
マヨネーズ…大さじ１
こしょう…少々

1 フライパンに湯を沸かし、豆腐をほぐし入れ、ひと煮立ちしたらざるに上げて冷ます。

2 ほうれんそうは根元を切って３㎝長さに切る。フライパンに湯を沸かし、塩少々（分量外）を加えた中に入れてひと混ぜし、強火でしんなりとするまでゆでる。冷水にとって冷まし、水けをよくしぼる。

3 ミニトマトはへたをとり、縦４等分に切る。

4 豆腐をボウルまたはすり鉢に入れてこまかくすりつぶし、ごま、マヨネーズ、こしょうを加えてあえ衣を作る。ほうれんそう、トマトを入れてあえる。

ほうれんそうのピリ辛マヨネーズあえ

ラー油を少し加えるだけで、
コクのあるピリ辛味が完成。

材料（1人分）

ほうれんそう…100g
A マヨネーズ…大さじ１
　しょうゆ…少々
　ラー油…少々

1 ほうれんそうは根元を切って３㎝長さに切る。フライパンに湯を沸かし、塩少々（分量外）を加えた中に入れてひと混ぜし、強火でしんなりとするまでゆでる。冷水にとって冷まし、水けをよくしぼる。

2 大きめのボウルにAを入れて混ぜ、ほうれんそうを加えてあえる。

さまざまな調理法でおいしく食べられる。一つの料理に100g、150gと使えば、無理なく1玉使いきれる。

キャベツと牛肉の甘辛煮

牛肉を甘辛く煮て味をしみ込ませてから、キャベツを加えます。
キャベツは大きめに切るのがポイント。ごはんが進みます。

材料（1人分）

キャベツ…150g
牛切り落とし肉…100g
しょうが…小¼かけ
油…大さじ½
酒…大さじ1
A みりん…大さじ1
　砂糖…小さじ1
　しょうゆ…大さじ1
七味とうがらし…少々

1 キャベツは4〜5㎝大に切る。しょうがは皮をむき、薄切りにしてからせん切りにする。

2 フライパンに油を熱し、牛肉を入れてほぐすようにして炒める。肉の色が変わったら、しょうがを加えてさっと炒め、酒を振ってAを加え、煮立ってきたらふたをして弱火で5分ほど煮る。

3 中火にしてキャベツを加えて混ぜ、ふたをして弱火で7〜8分、キャベツがしんなりとするまで煮る。器に盛り、七味とうがらしを振る。

サワークリームを
添えると、味が一気に
グレードアップ！

キャベツとベーコン、トマトの蒸し煮

ゆっくり火を通したキャベツの甘み、トマトのまろやかな酸味。
ベーコンの味がしみて、野菜そのものの味も、よりおいしく。

材料（1人分）

キャベツ…200g
ベーコン…３枚
トマト…小１個
油…小さじ1
ローリエ…½枚
白ワイン…大さじ２
塩…小さじ⅓
こしょう…少々
サワークリーム…適量

1 キャベツは５～６㎝大に切る。トマトはへたをとって３㎝角に切る。ベーコンは５～６㎝長さに切る。

2 フライパンに油を熱してベーコンの両面を炒め、キャベツ、トマト、ローリエを加えて白ワインを振り、水⅓カップを加える。煮立ってきたら、塩、こしょうを加えて混ぜ、ふたをして15～20分煮る。

3 器に盛り、サワークリームを添える。

焼く、煮る、揚げる、蒸す、となんでもおいしい。
焼きなすを多めに作って冷凍し、あえ物、汁物などにも。

なすとピーマンのみそ炒め

なすのみそ炒めはごはんのおかずの定番。熱した油をからめてから
蒸し焼きにすると、つやよくふっくら仕上がります。

材料（1人分）

なす… 2個
ピーマン… 1個
豚バラ薄切り肉…75g
赤とうがらし… 1本
油…大さじ1
A みそ…大さじ1½
　砂糖…大さじ½
　酒…大さじ1
いり白ごま…少々

1 なすはへたを切ってピーラーで縦に3本皮をむき、4～5切れの乱切りにする。ピーマンは縦半分に切ってへたと種をとり、横半分に切る。とうがらしは斜め半分に切り、種をとる。

2 豚肉は3～4㎝長さに切る。

3 Aは混ぜる。

4 フライパンに油を熱して豚肉ととうがらしを炒め、色が変わったらなす、ピーマンを入れて炒める。ふたをして弱火で3～4分、やわらかくなるまで蒸し焼きにする。

5 Aを加えて炒め合わせ、最後にごまを混ぜ、器に盛る。

蒸しなすのだしびたし

電子レンジで簡単に作れる蒸しなす。なすが熱いうちにたっぷりの汁にひたします。冷蔵庫でしっかり冷やして味をしみ込ませて。

材料（1人分）

なす… 2個(160g)
だし…⅔カップ
A　みりん…大さじ½
　　しょうゆ…小さじ½
　　塩…小さじ⅕
おろししょうが…適量

1　鍋にだしを煮立て、Aを加えて冷ます。

2　なすはへたを切り、ピーラーで皮をむき、水に5分ほどさらす。

3　耐熱皿に間隔をあけて並べ、ラップをふんわりとかけて、電子レンジ(600W)で3～4分、やわらかくなるまで加熱する。

4　熱いうちに**1**にひたし、冷蔵庫で2～3時間冷やす。縦横半分に切って器に盛り、しょうがをのせる。

アボカド

ビタミン、ミネラル、食物繊維が豊富。分類は果物。
加熱してもおいしく、おみそ汁やカレーの具にも。

えびとアボカド炒めごはん

加熱すると、とろりとした食感になるアボカド。ナンプラー味でカフェごはん風に。ごはんではなくパンを添えても。

材料（1人分）

むきえび(小)…60g
アボカド…大½個
レモン汁…小さじ1
オリーブ油…大さじ1
酒…大さじ1
ナンプラー…大さじ1
こしょう…少々
温かいごはん…適量

1 えびはあれば背わたをとり、洗って水けをふく。

2 アボカドは皮をむいて横1.5cm厚さに切り、レモン汁を振る。

3 フライパンにオリーブ油を熱し、えびを入れて炒める。色が変わったらアボカドを加えて炒め合わせ、酒を振り、ナンプラー、こしょうを加えて炒め合わせる。

4 器にごはんとともに盛る。

アボカドの牛肉巻き照り焼き

しょうゆを使った甘辛味が
アボカドによく合います。

材料（1人分）

アボカド…大½個
牛赤身薄切り肉
　…３枚（100g）
レモン汁…小さじ１
かたくり粉…少々
油…大さじ½

A
酒…大さじ１
みりん…大さじ１
砂糖…小さじ１
しょうゆ…大さじ１

わさびのすりおろし…少々

1　アボカドは縦３等分のくし形に切って皮をむき、レモン汁を振る。

2　アボカドに牛肉を巻く。

3　フライパンに油を熱し、2の牛肉の部分にかたくり粉を薄くまぶし、巻き終わりを下にして入れる。中火で全体に焼き目がついたら火を弱め、Aを加えてからめる。器に盛り、わさびをのせる。

アボカドのオリーブ油かけ

料理に半分使ったら、
残りはオリーブ油と塩でシンプルに。

材料（1人分）

アボカド…大½個
オリーブ油…大さじ½
塩、こしょう…各少々
レモンのくし形切り…１切れ

1　器にアボカドを盛り、くぼみにオリーブ油を入れ、塩、こしょうを振り、レモンを添える。

ごぼう

食物繊維が豊富なため腸内環境をととのえてくれるので、便秘予防、免疫力アップにも。ポリフェノールも豊富。

洋風たたきごぼうのサラダ

粒マスタードとあらみじんのカシューナッツをまとった
洋風のたたきごぼう。おせち料理の一品にしても。

材料（1人分）

ごぼう…２本(150g)
油…適量
酢…大さじ2/3
塩…小さじ1/5
こしょう…少々
粒マスタード…大さじ２
カシューナッツの
　あらいみじん切り…大さじ３

1　ごぼうは皮をこそげて洗い、まないたにおいてすりこ木などで全体をたたく。４〜５㎝長さに切り、さっと洗って水けをふく。

2　フライパンに多めの油を入れてごぼうを入れ、ほぐしながら弱火で３〜４分揚げてボウルにとり出す。

3　ごぼうに酢、塩、こしょうを加え、粒マスタード、カシューナッツを加えて混ぜ、器に盛る。

ごぼうとにんじんのきんぴら

定番のきんぴらごぼうは、ささがきではなく、太めの細切りにして歯ざわりを楽しみたい。多めに作れば2〜3日楽しめます。

材料（1人分）

ごぼう… 2本(150g)
にんじん…40g
赤とうがらし…½本
ごま油…大さじ⅔
だし…½カップ
A | みりん…大さじ1
  | 砂糖…大さじ1
  | しょうゆ…大さじ1
いり白ごま…少々

1 ごぼうは皮をこそげて洗い、5㎜厚さの斜め切りにしてから5㎜幅の棒状に切る。さっと洗い、サラダスピナーで水けをきる。にんじんは4㎝長さ、5㎜角の棒状に切る。

2 とうがらしは種をとって5㎜幅の小口切りにする。

3 フライパンにごま油を熱し、ごぼう、にんじんを入れて1分ほど炒め、とうがらしを加えてさっと炒め、だしを加える。煮立ってきたらAを加えて混ぜ、ふたをして弱火で8〜10分煮る。

4 ふたをとって汁けをとばし、ごまを振って器に盛る。

たたいた長いもの歯ざわりが
楽しいので、たたきすぎないように
気をつけて。味はごま油と
しらす干しが決めてくれます。

長いも

生だけでなく、煮物や炒め物、焼いて食べるなど、
いろいろ楽しめる長いも。日もちするのもうれしい。

材料（1人分・5個分）

長いも…120g(正味)
しらす干し…25g
かたくり粉…大さじ1
塩…少々
ごま油…大さじ1〜2

1 長いもは皮をむいて5㎝長さに切り、縦4等分に切る。ポリ袋に入れてまないたにのせ、すりこ木などで長いもが1㎝角ぐらいになるまでたたく。

2 ボウルに長いもを入れ、しらす干し、かたくり粉、塩を加えて全体をよく混ぜる。

3 フライパンにごま油を熱し、生地の⅕をスプーンですくって落とし入れ、中火で3分ほど焼き、返して同じように焼く。

くっつかないように落とし入れる。おいしそうな焼き色がついたら、上下を返す。

表面はとろっ、中はさっくり。
火を通した
長いもならではの食感。

長いもと厚揚げの煮物

材料（1〜2人分）

長いも…100g
厚揚げ…½枚（約125g）
だし…½カップ
A みりん…大さじ1
砂糖…大さじ¼
しょうゆ…大さじ1

1 長いもは縦半分に切り、1.5cm厚さの半月切りにする。

2 厚揚げは熱湯でゆでてざるに上げ、あら熱がとれたら、一口大に切る。

3 フライパンに長いも、厚揚げを入れてだしを注いで中火にかけ、煮立ってきたらAを加える。再び煮立ってきたら、ふたをして弱火で12分ほど煮る。

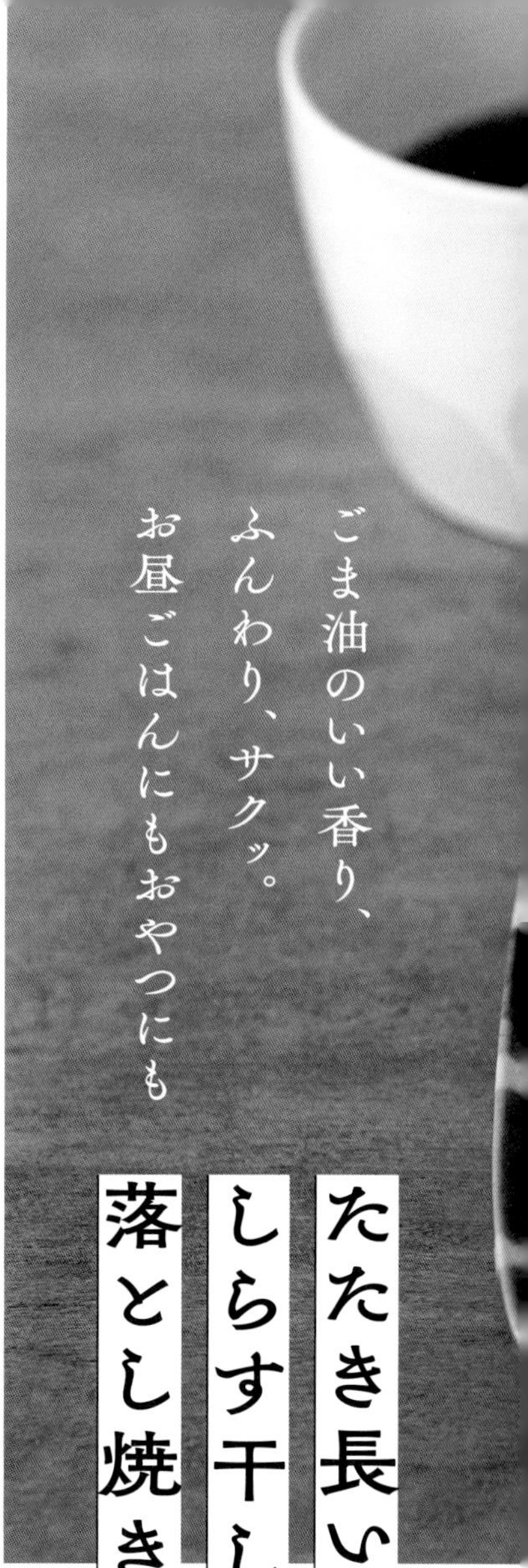

ごま油のいい香り、
ふんわり、サクッ。
お昼ごはんにもおやつにも

たたき長いもとしらす干しの落とし焼き

乾物

切り干し大根

食物繊維やカルシウムも豊富。一度に1袋もどして、
いろいろな料理に。和洋どちらの味つけもおいしい。

切り干し大根とベーコンのみそ汁

ベーコンのうまみ、玉ねぎの甘み、切り干し大根の歯ごたえ、
味わいのあるボリュームたっぷりのみそ汁。

材料（1人分）

切り干し大根… 8g
ベーコン… 2枚(30g)
玉ねぎ…小¼個
豆苗…少々
油…少々
だし… 1カップ
酒…大さじ1
みそ…大さじ1

1 切り干し大根は洗い、たっぷりの水に15分ほどひたしてもどす。ざるに上げて水けをしぼり、長いものは4～5㎝長さに切る。

2 ベーコンは1㎝幅に切る。玉ねぎは縦薄切りにし、豆苗は根元を切り落として長さを2～3等分に切る。

3 鍋に油を熱し、ベーコンを入れて炒め、切り干し大根、玉ねぎを加えてさっと炒める。だしを加え、煮立ってきたら酒を振り、火を弱めて5～6分煮る。みそをとき入れ、豆苗を散らす。

切り干し大根と豚肉の蒸し煮

ザワークラウト風の切り干し大根と、大きめに切った豚肉の蒸し煮。
切り干し大根がたっぷり食べられます。パンを添えても。

材料（1人分）

切り干し大根…30g
豚ロース肉（とんカツ用）
…１枚（100g）
にんにく…½かけ
玉ねぎ…小½個（50g）
オリーブ油…大さじ½
白ワイン…大さじ３
ローリエ…½枚
塩、こしょう…各適量

1 切り干し大根は洗い、たっぷりの水に10〜15分ひたしてもどす。ざるに上げて水けをしぼる。

2 豚肉は1.5㎝幅に切り、塩、こしょう各少々を振る。

3 にんにくは縦半分に切る。玉ねぎは縦薄切りにする。

4 フライパンにオリーブ油を熱して豚肉を入れ、中火で両面を焼きつけてとり出す。にんにく、玉ねぎを入れてしんなりとするまで炒め、切り干し大根を入れ、豚肉を戻し入れる。白ワインを振り、水⅔カップ、ローリエ、塩小さじ½、こしょう少々を加えてふたをし、弱火で15〜20分煮る。

ひじき

ミネラル、食物繊維が豊富。芽ひじきと長ひじきがあるが、歯ごたえ、食べごたえのある長ひじきが好み。

いり卵とひじきのベーコン炒め

買いおきの卵とベーコンがあれば、栄養満点のおかずに。

材料（1～2人分）

長ひじき…15g(もどして100g)
卵…１個
ベーコン…25g
塩、こしょう…各適量
油…大さじ½
酒…大さじ½
しょうゆ…小さじ¼

1 ひじきは洗って、たっぷりの水に20分ほどひたしてもどす。ざるに上げて水けをきり、５～６cm長さに切る。

2 ベーコンは１cm幅に切る。ボウルに卵を割りほぐし、塩、こしょう各少々を加える。

3 フライパンに油大さじ¼を熱してとき卵を一度に流し入れる。大きくかき混ぜていり卵を作り、とり出す。

4 フライパンに油大さじ¼、ベーコンを入れてよく炒め、ひじきを加えてさらに炒める。酒を振ってしょうゆと塩、こしょう各少々を加えて炒め、いり卵を戻し入れて、さっと炒め合わせる。

ツナとひじきのサラダ

ひじきはたっぷりの水にひたし、ふっくらともどすのがポイント。

材料（1～2人分）

長ひじき…20g(もどして150g)
玉ねぎ…小½個
ツナ缶…40g
パセリのみじん切り…大さじ２
フレンチドレッシング(102ページ)
…大さじ２～３
塩、こしょう…各少々
ベビーリーフ…30g

1 ひじきは洗って、たっぷりの水に20分ほどひたしてもどす。ざるに上げて水けをきり、４～５cm長さに切る。

2 フライパンにひじきを入れ、弱めの中火にかけて水けをとばす。ボウルに移してドレッシングを振り、混ぜて冷ます。

3 玉ねぎは縦薄切りにしてさっと洗い、水けをきる。ツナはあらくほぐす。

4 ２のひじきに玉ねぎ、ツナ、パセリを加えて混ぜ、塩、こしょうを振り混ぜる。ベビーリーフを敷いた器にひじきを盛る。

乾物

高野豆腐

たんぱく質、カルシウムなどが豊富で栄養価の高い食材。水でもどすタイプのほうが歯ごたえもよく、味に深みがある。

高野豆腐とキャベツの卵とじ

小さめに切った高野豆腐は食べやすく、キャベツもたっぷり。
流し入れた卵を半熟に仕上げるのが卵とじの秘訣です。

材料（1人分）

高野豆腐… 2枚(もどして約100g)
キャベツ…100g
卵… 2個
だし… 1カップ
A
みりん…大さじ1
しょうゆ…小さじ1
塩…小さじ⅓

1 高野豆腐はバットに並べて60〜70度の湯をたっぷり注ぎ、浮かないように軽いまないたや木のふた、皿などをのせて、冷めるまでおく。高野豆腐がもどったらたっぷりの水の中で押し洗いし、両手ではさんで水けをしぼる。半分に切り、5㎜厚さに切る。

2 キャベツは2㎝大に切る。

3 鍋にだしを煮立て、Aで調味して高野豆腐を入れ、ふたをして3分ほど煮る。キャベツを加えて混ぜ、ふたをして3〜4分、キャベツがしんなりとするまで煮る。

4 ボウルに卵を割りほぐし、3に中心から外に向かって円を描くように流し入れ、中火で半熟状になるまで煮る。

乾物

春雨

緑豆やじゃがいものでんぷんが原料。煮くずれしにくいのは緑豆春雨。鍋やスープの具、サラダ、麻婆春雨などに。

春雨サラダ

つるんとした食感がおいしい春雨。これだけでお昼ごはんにも。
具を同じ大きさに切ると見た目も美しい仕上がりに。

材料（1～2人分）

春雨…30g
きゅうり…½本
ロースハム…３枚
薄焼き卵(卵１個分)…１枚

A
- 酢…大さじ3
- しょうゆ…大さじ1
- 砂糖…大さじ½
- ごま油…大さじ1
- こしょう…少々

1 春雨は５～６㎝長さに切る。

2 フライパンに水４カップを入れて中火で沸かし、春雨を入れて混ぜ、４～５分ゆでてざるに上げて冷ます。

3 きゅうりは斜め薄切りにしてからせん切りにする。ハムは半分に切り、重ねてせん切りにする。薄焼き卵は４～５㎝幅に切り、重ねてせん切りにする。

4 ボウルにAを入れて混ぜ、春雨、きゅうりを加えてあえ、ハム、薄焼き卵を加えてあえ、器に盛る。

ゆとりがある
今だからこそ、
少しだけ
手間ひまかけて
料理を楽しむ。
心豊かに過ごす

PART

5

日々の食事に少し手間を
かけると、おいしさは倍増。
旬の果実を使ってジャムを
作るのも、幸せなひととき！

ちょっとした手間が
おいしさのコツ。
自分のために時間をかける

料理はやはり、ちょっとした手間をかけてこそ、おいしく仕上がります。おいしいものを食べたい、その気持ちを大切に、自分のために少し時間をかけてだしをとったり、好きなものを作ったりしませんか？豆が煮えるのを待つ時間、甘い香りをかぎながらジャムを煮上げる時間は、とても幸せなひとときです。

揚げ物はめんどう、というかたも多いようですが、揚げ物好きな私は、よく作ります。にんじんやセロリの葉とか、ありあわせの野菜をかき揚げに。好きなもののためなら手間も苦にならないのでは、と思います。

これだけはゆずれない、おいしさの基本

「だしをとる」

だしは料理の基本、とても大切にしています。市販のだしのもとは便利ですが、自分でとっただしは格別。食材の持つ力を引き出し、お料理をおいしくしてくれます。薄味でも満足できる味に仕上がるので、ひと手間かける価値あり、です。

ほとんどの食材はスーパーで手に入るものを使っていますが、削り節とだし昆布は、必ず築地の専門店で購入。

煮干しと昆布のだし

材料（作りやすい分量）

水…５カップ
煮干し…12尾
だし昆布（４～５㎝角）…１枚

1 大きな煮干しは頭と内臓をとり除く。小ぶりのものはそのままでOK。

2 鍋に水、煮干し、昆布を入れて１～２時間おく。

3 弱火にかけ、煮立つ直前に火を止めてこす。

みそ汁やめん類には煮干しのだしも。昆布を加えると煮干しの雑味がやわらぐ。煮干しは冷蔵保存し、早めに使いきる。

削り節と昆布の合わせだし

材料（作りやすい分量）

水…５カップ
だし昆布（５～６㎝角）…２～３枚
削り節…15～20g

1 鍋に水、昆布を入れて１～２時間おく。

2 弱火にかけ、煮立つ寸前に昆布をとり出す。

3 中火にして削り節を加え、菜箸で押さえるようにし、煮立ってきたら弱火にして３分ほど煮て火を止める。

4 削り節が沈んだら、万能こし器でこす。

※冷蔵庫で保存し、２～３日で使いきる。
残ったら冷凍保存がおすすめ。

左／削り節が吸い込んだだしも、もったいないのでスプーンで軽く押さえてしぼる。右／削り節と昆布でとっただしはみそ汁やおすまし、めんつゆ、煮物、あえ物、おひたしなどさまざまに使える。

干ししいたけ、干しえびのもどし汁は極上のだしに

干ししいたけも干しえびも、水といっしょにボウルに入れて冷蔵庫で一晩おくだけ。うまみのエキスを完全に抽出するには一晩程度はかかるので、時間は必要だけれど、時間をかけたかいのあるおいしさに。もどした干ししいたけは冷凍すれば、煮物、炒め物、汁物など、いつでも使えて便利。えびもスープや炒め物に。

もどした状態で水を軽くきり、保存袋に入れて冷凍。使うときは自然解凍で。風味も歯ざわりも変わりません。

おいしい「だし」でごちそう汁

おいしいだしがあれば、おいしい汁物もさっと作れます。旬の野菜や常備食材を使った汁物、定番の豚汁。自分でとっただしで作れば、味の違いを実感できるはず。

黒こしょうをピリッときかせた豆腐汁。

材料（1人分）

木綿豆腐…¼丁
しめじ…40g
だし…1¼カップ
油…大さじ½
塩…小さじ¼
あらびき黒こしょう…少々

1 豆腐は手でこまかくほぐし、ざるにのせて10分ほどおき、軽く水けをきる。

2 しめじは根元を切り落とし、長さを2〜3等分に切ってほぐす。

3 鍋に油を熱し、豆腐、しめじを入れて炒め、だしを加える。煮立ってきたら火を弱め、アクを除いて塩を加え、ふたをして弱火で5〜6分煮る。

4 器に盛り、こしょうを振る。

いり卵を作るひと手間で彩りもおいしさもアップ。

材料（1人分）

卵…1個
チンゲンサイ…½株
ねぎの小口切り…少々
だし…1¼カップ
油…大さじ¼
みそ…大さじ1

1 ボウルに卵を割りほぐす。フライパンに油を熱してとき卵を入れ、かき混ぜて大きないり卵を作り、とり出す。

2 チンゲンサイは長さを4等分に切り、根元は縦半分に切ってさらに4等分のくし形に切る。

3 鍋にだしを入れて中火にかけ、煮立ってきたらチンゲンサイの根元を入れて2分ほど煮る。チンゲンサイの葉、いり卵を加え、ひと煮してみそをとき入れる。器に盛り、ねぎをのせる。

豚汁

野菜たっぷり、おかわり
したくなる定番の豚汁。

材料（2人分）

豚こまぎれ肉…75g
大根…100g
にんじん…⅓本
ごぼう…40g
しいたけ…２個
わけぎ…１本
油…大さじ¼
酒…大さじ½
だし…２～2½カップ
みそ…大さじ２

1 大根は縦４等分に切り、８㎜厚さのいちょう切りにする。にんじんは縦４等分に切り、５㎜厚さのいちょう切りにする。ごぼうは皮をこそげてささがきにし、洗って水けをきる。

2 しいたけは石づきを切り落とし、縦４等分に切る。わけぎは１㎝長さに切る。豚肉は大きいものは３㎝長さに切る。

3 鍋に油を熱して豚肉を炒め、色が変わったら**1**、しいたけを加えて炒める。酒を振り、だしを加え、煮立ってきたら火を弱めてアクを除き、ふたをして弱火で15分ほど煮る。

4 みそをとき入れ、わけぎを加えて混ぜる。

新玉ねぎとトマトのみそ汁

新玉ねぎの甘み、トマトの
まろやかな酸味が絶妙。

材料（1人分）

新玉ねぎ…小½個
トマト…小½個
だし…１カップ
みそ…大さじ１

1 玉ねぎは縦に１～２㎝厚さに切る。トマトは縦半分に切り、１㎝厚さのいちょう切りにする。

2 鍋にだしを入れて中火にかけ、煮立ってきたら玉ねぎを加え、ふたをして２～３分煮る。

3 しんなりとしたら、トマトを加えてひと煮し、みそをとき入れる。

うまみの出る食材で
具だくさんの汁物

だしをとる時間がないときなどは、ひき肉やツナ、ベーコン、ソーセージなど、
うまみの出る食材を具に。野菜もたくさん加えれば、ボリュームたっぷりの一品に。

炒め物の定番食材で。
仕上げにラー油をプラス。

材料（1人分）

豚こまぎれ肉…50g	酒…大さじ½
もやし…75g	みそ…大さじ1
にら…15g	ラー油…少々
油…大さじ¼	

1 もやしは洗って水けをきる。にらは3㎝長さに切る。豚肉は大きいものは2〜3㎝長さに切る。

2 鍋に油を熱し、豚肉を入れてほぐすようにして炒め、色が変わったら酒を振り、水1¼〜1½カップを加える。煮立ってきたら、火を弱めてアクを除き、ふたをして弱火で8〜10分煮る。

3 もやしを加えてさっと煮、にらを加えてしんなりとしたら、みそをとき入れる。器に盛り、ラー油を振る。

ひき肉から出るうまみと
コクを味わって。

材料（1人分）

豚ひき肉…50g	酒…大さじ½
小松菜…75g	塩…小さじ¼
トマト…小½個	こしょう…少々
油…小さじ½	

1 小松菜は1㎝長さに切る。トマトは種をとり、1㎝角に切る。

2 鍋に油を熱してひき肉を入れ、ほぐすようにして炒める。色が変わったら酒を振り、水1¼カップを加える。煮立ってきたら火を弱めてアクを除き、塩、こしょうを加え、ふたをして8〜10分煮る。

3 中火にして小松菜を加えて混ぜ、しんなりとしたらトマトを加えてひと煮する。

ツナと大豆のスープ

保存食のツナと大豆で、
たんぱく質たっぷりスープ。

材料（1人分）

ツナ…小½缶(35g)
ドライパック大豆…70g
パセリ…適量
塩…少々
こしょう…少々

1 ツナは余分な油をきり、大きくほぐす。大豆はボウルに入れ、手でにぎるようにしてつぶす。

2 鍋にツナ、大豆を入れて水１カップを加え、中火にかける。煮立ってきたら火を弱め、ふたをして５〜６分煮る。塩、こしょうを加え、パセリをちぎって散らし、ひと煮する。

ソーセージとコロコロ野菜のスープ

野菜は冷蔵庫にあるもの、
好きなもので作っても。

材料（1人分）

ウインナソーセージ
…２本(30g)
なす…½個
玉ねぎ…小¼個
ズッキーニ…⅛本
赤ピーマン…½個
パプリカ(黄)…⅛個
オリーブ油…大さじ½
塩…小さじ¼
こしょう…少々
粉チーズ…大さじ１

1 ソーセージは１㎝厚さの輪切りにする。野菜は１㎝角に切る。

2 鍋にオリーブ油を熱し、野菜を入れて中火で少ししんなりとするまで炒め、ソーセージを加えて炒める。水1¼カップを加え、煮立ってきたら塩、こしょうを加え、ふたをして弱火で８分ほど煮る。

3 器に盛り、粉チーズを振る。

箸休めにもおやつにも。冷凍もできる

「豆を煮る」

金時豆、あずき、白花豆、大豆など、豆も好きでよく煮ます。甘く煮た豆はおやつにも、おかずにも。大豆の水煮は食材としても使いますが、ゆでたてをそのまま食べてもおいしいですよ。多めに煮て冷凍すれば、いつでも食べられます。

あずきの甘煮

水につけておく時間が不要。
思い立ったら、すぐ作れます。

材料（作りやすい分量・でき上がり約500g）

あずき…200g
グラニュー糖…150〜200g
塩…少々

1 あずきは洗って水けをきり、小鍋に入れて水２カップほどを加え、中火にかける。煮立ってきたら、弱火にして３分ほどゆでてざるに上げ、ゆで汁をきって鍋に戻す。水２カップほどを加えて中火にかけ、煮立ってきたら弱火にし、３分ほどゆでてざるに上げ、ゆで汁をきる。

2 鍋にあずきを戻し、水４〜５カップを加えて中火にかけ、煮立ってきたら弱火にし、ふたをして30〜40分、あずきがやわらかくなるまで煮る。

3 グラニュー糖の½量を加えて10分ほど煮る。残りのグラニュー糖、塩を加えて混ぜ、さらに10分ほど煮る。

豆は専門店で購入

上／豆は築地の専門店で買うことが多いです。買ったら冷凍室に保存。これはお店の人のアドバイス。下／金時豆の甘煮。金時豆はすぐにやわらかくなるので作りやすい。

白玉あずき

温かくても冷たくてもおいしい。
自分で作れば、おかわりも自由！
好きなだけ味わえます！

材料（2人分）

あずきの甘煮…200g
白玉粉…½カップ

1　あずきの甘煮は冷蔵庫で冷やす。

2　鍋に湯を沸かす。

3　ボウルに白玉粉を入れ、様子を見ながら水大さじ3～4を加えて、耳たぶぐらいのかたさにこねる。丸く形づくり、中心を指で押さえて熱湯に入れ、浮いてきたら、さらに1分ほどゆでて冷水にとって冷まし、水けをきる。

4　器にあずきを盛り、白玉だんごをのせる。

揚げたてはもちろん、冷めてもおいしい

「揚げ物を楽しむ」

揚げ物も、1人分なら、それほど手間なく作れます。何より揚げたてはさくっとおいしい！　材料と衣を混ぜて揚げるかき揚げは簡単でおすすめ。多めに揚げて、翌日、おみそ汁やうどんに入れても。鶏天も冷めてもおいしく食べられます。

ごぼうとにんじんのかき揚げ

静かにすべらせるように
揚げ油に入れるのが
形よく揚げるコツ。

材料（1人分）

ごぼう…50g
にんじん…４cm(30g)
ちりめんじゃこ
…大さじ２
薄力粉…大さじ３〜４
油…適量
レモンの半月切り
…１切れ

1　ごぼうは皮をこそげて４cm長さに切り、縦５mm厚さに切ってから細切りにして水にさらし、水けをきる。

2　にんじんは縦５mm厚さに切ってから細切りにする。

3　ボウルに冷水大さじ３、薄力粉を入れて混ぜ、ごぼう、にんじん、ちりめんじゃこを加えて混ぜる。

4　フライパンの深さの半分まで油を入れて中温(170度)に熱し、少しずつひとまとめにして形づくり、油に入れ、返しながら２〜３分色よくカリッと揚げる。器に盛り、レモンを添える。

鶏天と野菜の素揚げ

材料（1人分）

鶏ささ身… 2本(100g)

A
- 酒…大さじ1
- しょうゆ…小さじ½
- 塩…少々
- しょうがのしぼり汁…小さじ½

さつまいもの斜め切り… 2切れ
オクラ… 3本
小麦粉…大さじ2
かたくり粉…大さじ1
塩…少々
油…適量

1　ささ身は筋のあるものはとり、1本を斜め半分の長さに切る。

2　ボウルにささ身を入れ、Aを振り入れて手でもみ、10分ほどおいて下味をつける。

3　オクラはがくの部分から切る。さつまいもは洗い、水けをふく。

4　フライパンの深さの半分まで油を入れて中温(170度)に熱し、さつまいもを入れて弱火で5分ほど、やわらかくなるまで揚げ、最後に高温(180度)にしてさっと揚げてとり出す。オクラは高温でさっと揚げてとり出し、塩を振る。

5　2に水大さじ1、小麦粉、かたくり粉を加えて混ぜ、4の油に1本ずつ入れ、中火で1～2分カリッと揚げてとり出す。

6　器に鶏天と野菜を盛り合わせる。好みで塩を添える。

下味をつけて揚げるから
やわらかくてジューシー。

30年以上作り続けているジャム。ジャム専用の銅鍋はこげつきにくく、水分をとばしやすい浅型で、底が平らなもの。スパチュラ、アクとりも専用。

梅干し、ジャム、みそ。季節の楽しみ

「保存食作り」

いちご、桃、りんご、夏みかん……。季節ごとにジャムを作ります。自分で食べるだけでなく親しい人に差し上げるのも作る楽しみの一つ。冬のみそ作り、初夏の梅干し、らっきょう。保存食作りは一年中。手を休める暇がありません。

赤じそを加えて作る梅干し。赤じそは乾燥させてフードプロセッサーでふりかけに。みそは1月から2月にかけて仕込む。11月から12月ごろから食べられる。

夏みかんのマーマレード&桃のジャム

30年以上続いているジャム作り。夏みかんは2月〜3月ごろ、無農薬のものを使って。桃は7月〜8月ごろの安い時期に作ります。

夏みかんのマーマレード

材料（作りやすい分量）

夏みかん(無農薬)… 3〜4個(1kg)
(皮300g → ゆでて460g　果肉430g)
グラニュー糖…530〜630g(60〜70%)

1 夏みかんの皮をタワシでよく洗う。天地の皮を少し切り落とし、皮に縦6〜8等分の切り込みを入れて皮をむく。

2 実は房に分けて、口を切り、薄皮に切り込みを入れて、薄皮と種をとる。

3 皮は薄切りにする。

4 たっぷりの湯を沸かして皮を入れて混ぜ、煮立ってから5分ほどゆでてざるに上げ、ゆで汁をきる。

5 ほうろうまたはステンレスの鍋に**2**の果肉を入れて手で握ってつぶし、**4**の皮、グラニュー糖を加えて混ぜる。2〜4時間おいてグラニュー糖をとかす。

6 底から混ぜて中火にかける。煮立ってきたら弱めの中火にしてアクを除く。底から混ぜながら、15〜16分煮詰める。

7 煮沸したびんの水けをふき、マーマレードが熱いうちに入れてふたをし、そのまま冷ます。

桃のジャム

材料（作りやすい分量）

桃… 4〜5個(1kg・正味900g)
グラニュー糖…450〜540g(50〜60%)
レモン汁…½カップ

1 桃はさらしやガーゼで皮をやさしく洗い、表面の毛を洗い落として水けをふく。種を残すように果肉を切り、果肉は8㎜〜1㎝厚さに切る。

2 ほうろうまたはステンレスの鍋に桃を入れてグラニュー糖を振り、全体にからめて、2〜6時間おく。

3 桃の浸透圧で砂糖がとけたら、底から(底に砂糖が固まっているので)混ぜて中火にかけ、煮立ってきたら、火をやや弱めてアクを除き、15〜20分煮る。

4 レモン汁を振って混ぜ、3〜5分ほど煮る。

5 煮沸したびんの水けをふき、桃ジャムが熱いうちに入れてふたをし、そのまま冷ます。

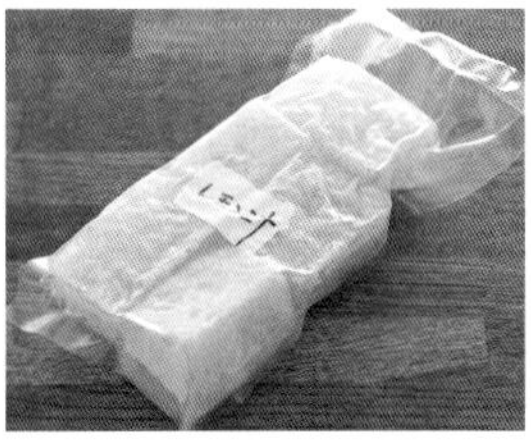

レモンは しぼって冷凍

ジャム作りに欠かせない（マーマレードは不要）レモン汁。すぐに使えるように冷凍。

材料も味もシンプル。常温で保存できる

「手作りドレッシング」

使いかけの市販のドレッシングが冷蔵庫の中に何本も、というお宅も多いようです。ドレッシングは簡単にできるので、お気に入りのオリーブ油と酢で手作りしませんか？　シンプルなフレンチドレッシングは野菜の味をぐんと引き立てます。

フレンチドレッシング

油と酢の割合は2対1。
さわやかな味わい。

材料（作りやすい分量）

オリーブ油…$\frac{2}{3}$カップ
白ワインビネガー…$\frac{1}{3}$カップ
塩…小さじ1
こしょう…少々

ボウルに塩、こしょう、白ワインビネガーを入れて、泡立て器で混ぜ、オリーブ油を加えてよく混ぜる。密閉びんに入れて、1〜2週間、常温で保存可能。

にんじんを買ったら、必ず作るキャロットラペ

にんじんを買ったらスライサーでせん切りにし、フレンチドレッシングであえて冷蔵庫に。砕いたナッツを混ぜたり、葉物のサラダに加えたり。2〜3日楽しめます。

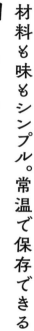

PART

6

ときには親しい人と家ごはん。おもてなしレシピとおもてなしのお弁当

ふだんは使わない大皿を出したり、前日から料理の下準備をしたり。心がはずむおもてなし。お料理をたくさん作るのが大変なら一品でも。楽しい時間を過ごしましょう。

席を立たずにすむようなお料理を考える。みんなの喜ぶ顔を想像しながら

わが家ではときどき、親しい人が集まって「ごはん会」を楽しんでいます。食べたいものをリクエストしてもらうこともありますが、何を作ろうかと考えるところからワクワクが始まります。おしゃべりも楽しみたいので、なるべく席を立たないですむ献立に。食べ盛りの友人なら揚げ物をたくさん、同年代ならだしのきいた薄味の煮物など。季節も意識します。中には食材を持ってきて「これで作って」という人も！

「おいしい！」と言ってもらえると、また次もがんばろうという気持ちに。親しい人と食卓を囲む。ひとり暮らしだからこそ大事にしたい時間です。

いつも花は絶やさず飾っています。「家ごはん」のときは、玄関、ダイニング、洗面所など、季節の花を飾ってお客さまを迎えます。

鶏つくねと高野豆腐、
野菜の炊き合わせ
金時豆の甘煮
シンプル
茶碗蒸し
バラちらしずし

おもてなしレシピ

同年代の友人を迎えるときは、ちょっと豪華なバラちらし、鶏つくねと野菜の炊き合わせ、汁物がわりの茶碗蒸しなどを用意して。

バラちらしずし

シンプル茶碗蒸し

材料（4人分）

卵…3個
だし…2½カップ
薄口しょうゆ…少々
塩…小さじ⅕
貝割れ菜（芽の部分）…8本
ゆずの皮のせん切り…少々

1　ボウルにだしを入れ、しょうゆ、塩を加えてとかすように混ぜる。

2　別のボウルに卵を割りほぐし、**1**を少しずつ加えて混ぜ、万能こし器でこす。

3　容器（そばちょこなど）に卵液を流し入れ、表面の泡をスプーンですくいとる。

4　蒸気の立った蒸し器に**3**を入れ、ふたをして中火で3分蒸し、弱火にして12〜15分蒸す。竹ぐしを刺して透明な汁が出れば蒸し上がり。貝割れ菜、ゆずの皮をのせる。

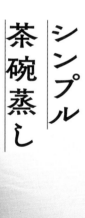

宝石箱みたいなちらしずし。
好みの海鮮をたっぷり。

材料（4〜5人分）

すしめし…米2合分
卵…2個
A
- だしまたは水…大さじ2
- みりん…大さじ⅔
- 砂糖…大さじ½
- 塩…少々

油…少々
刺し身…200g
（まぐろ、たい、いか、ひらめなど）
むきえび…小80g
イクラ…適量
B
- 酢…⅓カップ
- 水…大さじ2
- 砂糖…大さじ1
- 塩…少々

きゅうり…2本
長いも…100g
青じそ…10枚
おろしわさび…適量
しょうゆ…適量

1 ボウルに卵を割りほぐし、Aを加え混ぜる。卵焼き器に油を塗り、中火で熱して卵液の⅓量を流し入れ、半熟状になるまで菜箸で混ぜながら焼き、向こうから手前に巻き込む。巻いた卵を奥に寄せ、あいたところに油を塗り、残りの卵液の½量を流し入れ、奥の卵の下にも流し入れて同様に焼く。残りも同様に焼く。あれば巻きすにとって形をととのえ、冷めたら1cm角に切る。

2 えびは背わたがあればとって洗い、熱湯に塩、酢各少々（分量外）を入れてゆで、ざるに上げる。Bを混ぜた甘酢につけてそのまま冷ます。

3 きゅうりはへたをとって1cm角に切り、ボウルに入れて塩小さじ1（分量外）を振り混ぜて10分ほどおき、少ししんなりとしたらさっと洗い、水けをふく。長いもは皮をむいて1cm角に切る。青じそは1cm四方に切る。刺し身は1cm角に切る。

4 1、2、3の具を混ぜ合わせる。

5 すしめしに4の具の½量を混ぜて器に盛り、残りの具を盛ってイクラを散らす。わさび、しょうゆを添えて供する。

すしめしの作り方

米2合（360mℓ）は同量の水で普通に炊く。酢⅓カップをボウルに入れ、砂糖大さじ1、塩小さじ⅔を加え混ぜてとかし、合わせ酢を作る。炊きたてのごはんに合わせ酢を振り、切るようにして混ぜる。

季節によって温かいものでも
冷蔵庫で冷やしたものでも。

金時豆の甘煮

たくさん煮て小分けにして冷凍。
お土産にしても喜ばれます。

材料（作りやすい分量）

金時豆…300g
グラニュー糖…250〜300g
塩…小さじ1/5

1　金時豆は洗って鍋に入れ、水６カップに８時間ほど(一晩)ひたす。

2　鍋を強めの中火にかけ、煮立ってきたらざるに上げてゆで汁をきる。これを２回ほどくり返す。

3　鍋に豆を戻し、かぶる程度の水(４～５カップ)を加えて強めの中火にかけ、煮立ってきたらふたをして、弱火で20〜30分煮る。火を止めてそのまま１時間ほどおき、余熱で火を通す。

4　グラニュー糖の1/2量を加えて火にかけ、煮立ってきたらふたをして弱火で10分ほど煮て、残りのグラニュー糖、塩を加える。再び煮立ってきたら、ふたをして弱火で10分ほど煮てそのまま冷ます。

鶏つくねと高野豆腐、野菜の炊き合わせ

手間をかけただけのおいしさ。
おもてなしの定番に！

しいたけの含め煮

材料（４人分）

干ししいたけ…８枚
だし…½カップ

A
- みりん…大さじ２
- 砂糖…大さじ1½
- しょうゆ…大さじ1⅔

1 干ししいたけはさっと洗い、ボウルに入れてたっぷりの水を加え、浮かないように落としぶたなどをのせて、一晩、冷蔵庫でもどす。しいたけのもどし汁１カップはとっておく。

2 しいたけは軽く水けをしぼって軸を切り、笠に浅い切り目を入れる。

3 鍋にしいたけ、もどし汁、だしを入れて中火にかけ、煮立ってきたらAを入れ、再び煮立ってきたら弱火にし、ふたをして10〜15分煮る。

鶏つくねと高野豆腐の含め煮

材料（４人分）

鶏ひき肉…300g

A
- ねぎのみじん切り…大さじ４
- しょうがのしぼり汁…小さじ１
- 酒…大さじ２
- しょうゆ…小さじ½
- かたくり粉…大さじ１
- 水…大さじ２〜３
- 塩…少々

高野豆腐…３枚
にんじん…１本
小松菜…150g
だし…３カップ

B
- 酒…大さじ２
- みりん…大さじ２
- 薄口しょうゆ…大さじ１
- 塩…小さじ¼

砂糖…大さじ２
木の芽…適量

1 高野豆腐は大きめのバットに入れて60度ぐらいの湯を注ぎ、浮かないように小さくて軽いまないたや落としぶた、または皿をのせて湯が冷めるまでおく。

2 ボウルにたっぷりの水を入れ、水けをしぼった高野豆腐を入れて手ではさみながら洗い、両手ではさんで水けをしぼり、４等分に切る。

3 にんじんは皮をむいて１cm厚さの輪切りにし、鍋に入れてひたひたの水を加え、中火にかける。煮立ってきたら弱火にしてふたをし、10分ほどやわらかくなるまで下ゆでする。

4 小松菜は３cm長さに切る。

5 ボウルにひき肉を入れてAを加え、粘りが出るくらいまでよく混ぜる。

6 鍋にだしを煮立ててBを加え、5を⅛量ずつ、水でぬらしたスプーンで丸く形づくりながら、落とし入れる。全部入れて煮立ってきたら火を弱めてアクを除き、ふたをして弱火で８分ほど煮る。つくねをとり出し、乾燥しないようにラップをかけておく。

7 6の煮汁に砂糖を加えて高野豆腐を入れ、落としぶたをしてからふたをし、７〜８分煮る。にんじんと小松菜を入れて３〜４分煮る。

8 器につくね、高野豆腐、にんじん、小松菜、しいたけの含め煮を盛り合わせ、煮汁を注ぎ、木の芽を天盛りにする。

ていねいに焼いた卵焼き、甘辛味の鮭、ごま香るあえ物……。
お弁当のあとにデザートを食べられるくらいの量を目安に。

おもてなし弁当

焼き物、煮物、あえ物、彩りよく詰めて。「卵焼きは甘い派？甘くない派？」なんて、お弁当を前に話がはずみます。

材料（2人分）

卵焼き

卵… 3個
A だし…大さじ4
　しょうゆ…小さじ1
　塩…少々
油…適量

鮭の照り焼き

生鮭…大1切れ
B 酒…大さじ½
　みりん…大さじ½
　しょうゆ…大さじ1
　しょうが汁…少々

いんげんのごまあえ

さやいんげん…80g
C すり白ごま…大さじ2
　砂糖…小さじ1
　しょうゆ…小さじ2
　だし…大さじ1

その他

金時豆の甘煮（108ページ）
　…適量
温かいごはん…400g
梅干し…小2個
いり黒ごま…少々
レタス… 1枚

1 ボウルに卵を割りほぐし、Aを加えて混ぜる。

2 卵焼き器に油を塗り、中火で熱して卵液の⅓量を流し入れ、半熟状になるまで菜箸で混ぜながら焼き、向こうから手前に巻き込む。巻いた卵を奥に寄せ、あいたところに油を塗り、残りの卵液の½量を流し入れ、奥の卵の下にも流し入れて同様に焼く。残りも同様に焼き、食べやすく切る。

3 鮭は4等分に切り、ボウルに入れてBを加えてからめ、30分ほどおいて下味をつける。魚焼きグリルを熱して鮭を並べ入れ、残ったたれをはけで塗りながら、5〜6分焼く。

4 いんげんはへたをとって3㎝長さに切り、塩（分量外）を加えた熱湯で1〜2分ゆで、ざるに上げてそのまま冷ます。

5 ボウルにCを入れて混ぜ、4を加えてあえる。

6 弁当箱にごはんを詰めて梅干しをのせ、ごまを振り、卵焼き、鮭、いんげん、煮豆をレタスを仕切りにして詰める。

私が好きで集めた工芸品のお弁当箱。おもてなしには、ひとりひとり違うお弁当箱を使っても楽しいと思います。

おもてなし弁当

料理研究家 **大庭英子**

福岡県出身。料理家としてキャリア45年。同郷の料理家・久松育子さんのアシスタントを経て独立。テレビCMの仕事を皮切りに、雑誌・書籍・企業のメニュー開発などで活躍し、現在に至る。食材の持ち味を活かし、身近な調味料を使って作る、食べ飽きない家庭料理に定評がある。ジャンルを超えた、圧倒的なおいしい料理には多くのファンがいる。著書に『68歳、ひとり暮らし。きょう何食べる？』(家の光協会)、『おいしい家庭料理の作り方』(学研プラス) など、毎年多数刊行中。今回は、「ひとりごはん」のがんばりすぎない工夫や楽しみ方をたくさん紹介している。

STAFF

ブックデザイン	細山田光宣、南彩乃、橋本葵(細山田デザイン事務所)
撮影	佐山裕子(主婦の友社)
取材・まとめ	田﨑佳子
スタイリング	鈴木亜希子
DTP制作	鈴木庸子(主婦の友社)
編集担当	近藤祥子(主婦の友社)
撮影協力	UTSUWA

あっ
これ食《た》べよう！
70歳《さい》ひとり暮《ぐ》らしの
気《き》楽《らく》なごはん

2024 年1月10日　　第1刷発行
2024 年3月20日　　第3刷発行

著　者　大《おお》庭《ば》英《えい》子《こ》
発行者　平野健一
発行所　株式会社主婦の友社
〒141-0021
東京都品川区上大崎3-1-1
目黒セントラルスクエア
☎03-5280-7537(内容・不良品等のお問い合わせ)
☎049-259-1236(販売)
印刷所　大日本印刷株式会社

ISBN978-4-07-455812-4

■本のご注文は、お近くの書店または主婦の友社コールセンター（電話0120-916-892）まで。
＊お問い合わせ受付時間　月～金（祝日を除く）　10:00～16:00
＊個人のお客さまからのよくある質問のご案内　https://shufunotomo.co.jp/faq/